城市生态经济体系建设理论与实践研究

史聆聆　李 萌　黄 翔 等 编著

中国环境出版集团·北京

图书在版编目（CIP）数据

城市生态经济体系建设理论与实践研究/史聆聆等编著.
—北京：中国环境出版集团，2023.11
ISBN 978-7-5111-5638-9

Ⅰ. ①城… Ⅱ. ①史… Ⅲ. ①城市经济—生态经济—经济体系—研究—中国 Ⅳ. ①F299.2

中国国家版本馆 CIP 数据核字（2023）第 192757 号

出 版 人 武德凯
责任编辑 孔 锦
封面设计 岳 帅

出版发行 中国环境出版集团
（100062 北京市东城区广渠门内大街 16 号）
网 址：http://www.cesp.com.cn
电子邮箱：bjgl@cesp.com.cn
联系电话：010-67112765（编辑管理部）
010-67112735（第一分社）
发行热线：010-67125803，010-67113405（传真）

印 刷 北京建宏印刷有限公司
经 销 各地新华书店
版 次 2023 年 11 月第 1 版
印 次 2023 年 11 月第 1 次印刷
开 本 787×960 1/16
印 张 9.25
字 数 130 千字
定 价 69.00 元

前　言

2023 年 7 月召开的全国生态环境保护大会强调，党的十八大以来，我国生态文明建设取得举世瞩目的巨大成就，为新征程上全面推进美丽中国建设、加快推进人与自然和谐共生的现代化奠定了坚实基础。同时，我国经济社会发展已进入加快绿色化、低碳化的高质量发展阶段，生态环境治理呈现问题点多面广、矛盾新旧交织、压力累积叠加的特点。

经济发展从改革开放之初相对宽松的发展环境和生态环境进入资源环境约束趋紧阶段，粗放的资源利用方式无法满足人民日益增长的美好生活需要。构建适应新时代需求的现代化生态经济体系，保持自然资源禀赋、资源利用方式和社会持续发展的协调，成为中国经济跨越式发展的有效路径。

本书力图以习近平生态文明思想为指导，以国内外生态经济体系理论研究为基础，以珠三角城市群为典型案例，构建城市生态经济体系评估模型，寻找城市生态经济体系的实践路径，最终提出政策建议，以期在理论和实践中探讨科学适用的城市生态经济体系，助力中国经济持续、绿色发展。

本书由长期从事环境管理方面的科研人员史聆聆、李萌、黄翔等编著。全书共分6章，第1章背景与意义，由史聆聆编写；第2章城市生态经济体系理论研究概述，由黄翔编写；第3章国内外研究进展，由史聆聆和陈忱编写；第4章城市生态经济体系评估模型构建及案例，由李萌编写；第5章城市生态经济体系的实践路径及保障政策建议，由李萌编写；第6章结论与建议，由史聆聆编写；全书由刘晓宇审核及审定。

本书可供从事环境保护工作及相关科研单位人员、环境保护相关专业的高校师生等，在环境经济或环境管理工作中参考使用。鉴于我们的知识水平和工作经验有限，书中不足和疏漏之处在所难免，敬请专家、学者及广大读者批评指正。

编写组

2023年1月8日

目　录

1 背景与意义

1.1 背景

根据国家统计局《2022年国民经济和社会发展统计公报》，2022年中国国内生产总值达121万亿元，稳居世界第二，经济社会获得了全面有效地提高和发展。与此同时，来自资源、环境等方面的"瓶颈"制约也开始显现，对资源、环境的不合理开发和利用正严重威胁着生态系统。生态环境部2022年5月公布的《2021中国生态环境状况公报》数据显示，2021年全国339个地级及以上城市中有121个城市环境空气质量超标，空气污染问题成为社会焦点；酸雨区面积达36.9万km^2，占国土面积的3.8%；全国生态环境质量四类和五类县域面积占7.4%；全国区域性和阶段性干旱明显，荒漠化、水土流失、草原退化等问题较为突出。

党的十八大把生态文明建设纳入中国特色社会主义事业"五位一体"总体布局，首次把"美丽中国"作为生态文明建设的宏伟目标。以习近平同志为核心的党中央高度重视生态文明建设与体制改革，始终把生态文明建设放在治国理政的突出位置，我国生态环境保护也发生了历史性、转折性、全局性变化。2018年5月，全国生态环境保护大会在北京召开，正式确立了"习近平生态文明思想"。习近平生态文明思想是习近平新时代中国特色社会主义思想的重要组成部分，是对党的十八大以来习近平总书记围绕生态文明建设提出的一系列新理念、新思想、新战略的高度概括和科学总结，是新时代生态文明建设的根本遵循和行动指南，也是马克思主义关于人与自然关系理论的最新成果。加强生态文明制度体系建设是以习近平同志为核心的党中央一以贯之的要求。

目前，中国综合国力进入世界前列，但经济发展中的资源环境短板也日益显著，如何在经济与生态环境保护之间实现共赢，是实践中亟待破解的难题。2017 年 10 月，党的十九大首次提出“全面建设现代化经济体系”，强调“要提供更多优质生态产品以满足人民日益增长的优美生态环境的需要”。2017 年 12 月，中央经济工作会议明确提出“中国特色社会主义进入了新时代，我国经济发展也进入了新时代，基本特征就是我国经济已由高速增长阶段转向高质量发展阶段”，生态经济建设是新时代高质量发展重要组成部分。2018 年 5 月，习近平总书记在全国生态环境保护大会上作出我国正处于“三期叠加”的重大战略判断，指出“由高速增长阶段转向高质量发展阶段，需要跨越一些常规性和非常规性关口”，“保护生态环境就是保护生产力，改善生态环境就是发展生产力”。还指出要加快构建生态文明建设五大体系，其中，特别强调“要构建以产业生态化和生态产业化为主体的生态经济体系”，这是国家领导人首次在全国性会议中正式提出“生态经济体系”这一概念。生态经济体系与生态文化体系、目标责任体系、生态文明制度体系、生态安全体系是生态文明建设的有机整体，五大体系协调统一，互为支撑。生态经济体系是经济基础，是生态文明建设的物质保障，在生态文明建设中具有突出重要的地位。党的二十大提出，推动经济社会发展绿色化、低碳化是实现高质量发展的关键环节，要积极稳妥推进碳达峰碳中和。

当前，我国社会的主要矛盾已经转化为人民日益增长的美好生活需要和不平衡不充分的发展之间的矛盾。经济发展从改革开放之初相对宽松的发展环境和生态环境进入资源环境约束趋紧阶段，粗放的资源利用方式无法满足人民日益增长的美好生活需要。构建适应新时代需求的现代化生态经济体系，保持自然资源禀赋、资源利用方式和社会持续发展的协调，成为中国经济跨越式发展的有效路径。

1.2 目的与意义

（1）有利于践行“绿水青山就是金山银山”理念

习近平总书记多次强调，“绿水青山就是金山银山”。这一理念作为习近平生态文明思想的重要组成部分，必须准确把握并深入践行。“绿水青山”和“金山银山”分别体现自然资源的生态属性和经济属性，是推动社会全面发展的两个重要因素。生态经济连接生态和经济，是经济的生态化和生态的良性化，是经济与生态的动态平衡和互为协调的发展，是生态保护与经济发展“双赢”的经济发展模式。构建中国特色的城市生态经济模式，既是落实党的十八届五中全会要求“牢固树立并切实贯彻创新、协调、绿色、开放、共享的发展理念”的客观需要，又是坚持“生产发展、生活富裕、生态良好”的重要途径，有利于践行“绿水青山就是金山银山”理念。

（2）有利于推动高质量现代化经济体系建设

中国经济已由高速增长阶段转向高质量发展阶段，正处于转变发展方式、优化经济结构、转换增长动力的攻关期，传统的由资源依赖、投资拉动、规模扩张为特征的发展模式已不能有效适应和解决经济发展不平衡、不充分的问题，必须改变传统思维模式，创新经济发展思路，努力构筑发达的生态经济体系，坚持绿色发展，才能不断提升可持续发展能力，确保经济平稳健康增长，实现更有质量、更有效益、更可持续的内涵式发展。构建发达的生态经济体系，推进绿色发展，既遵循了经济发展运行的基本规律，也是尊重自然、顺应自然和保护自然的生态文明理念的重要体现。

（3）有助于发挥城市在生态文明建设中的主导作用

城市自出现以来就是人类活动的主要集中地，它既是最大的资源消费者，又是生态的主要破坏机器。城市放大了人类对自然的影响力，但同时城市的自然生态环境又是人类赖以生存的空间载体，是经济社会发展的重要基础。在未来相当长的时间内，全球城市水平仍将不断发展，以中国为代表的发展中国家，将成为世界城市化进程中的主流。可以预见，我国城市化将继续保持蓬勃的发展态势，在这一过程中，资金、资源、人口等多方面的转移和变化都将大大地影响城市生态环境的承载能力，加剧城市化进程与生态环境保护之间的矛盾，使其日趋激烈。面对上述矛盾，我国许多大城市都着力进行生态城市改造，地区生态化建设也逐步展开。城市在促进生态系统良性循环、保护自然环境方面的作用日益得到重视，随着城市化进程速度的加快与规模的扩大，要实现人类与生态环境关系重回和谐、平衡的“共生状态”，势必需要构建一种对生态环境更加敏感、更加友好的经济模式。使城市成为实现环境友好、生态和谐目标的重要支撑，也是生态文明建设的前沿阵地。

（4）有助于为全球生态经济建设提供范例

当前中国的核心问题是由大国走向强国过程中遇到的各种问题，我国在全球经济竞争舞台上的角色要由追赶者变为赶超者，甚至变为领跑者。中国生态经济的发展，有别于西方先污染后治理的发展道路，正在由边污染边治理走向节约优先、保护优先、自然恢复为主。从所处的时代背景和现实条件来看，中国发展道路更适合广大发展中国家的实际。解读中国实践、构建中国理论，中国道路、中国经验显得尤为重要。中国现代化生态经济体系建设的探索是世界环境保护和可持续发展解决方案的重要组成部分，是中国深度参与全球环境治理，共谋全球生态文明建设的生动实践。因此，构建现代化生态经济体系，明确中国生态经济体系的新概念、新范畴、新表述，讲好中国故事，有助于为全球生态经济建设提供生动范例。

2 城市生态经济体系理论研究概述

2.1 国内外研究进展

生态保护与经济增长之间的协调发展问题已被众多学者关注。而关于生态经济体系的概念，目前还没有一个明确的且被广泛认同的标准定义。与此同时，虽然关于生态城市、生态区域等的研究成为城市学的热点，但关于城市生态经济体系这一概念的研究尚处于起步阶段，较为鲜见。因此，本书将分别围绕生态经济体系、生态环境与城市发展，以及构建生态经济体系的重要路径——产业生态化和生态产业化，梳理和综述国内外已有的研究，以期为城市生态经济体系研究提供基础。

2.1.1 生态经济体系相关研究

美国著名经济学家肯尼斯·鲍尔丁 1966 年发表的论文《一门科学——生态经济学》中，首次提出了生态经济学的概念。1968 年，他在《经济学与科学》一书中，谈到了提出生态经济学的原因：一方面是为了应对世界工业经济不断发展显现的“污染与资源枯竭问题”，他提出了“太空船式的经济”，将人类社会看作一个大的生态系统；另一方面是为了解决“自由放任主义与社会计划的问题”，他认为亚当·斯密提出的价值规律或“无形之手”实际上是指“生态平衡法则”。生态经济学把社会经济系统作为生态系统的一部分，并强调彼此之间的联系，尊重自然是生态经济学最大的特点，Tailor 认为资源环境问题不能简单用外部性和替代性解释，它最重要的是经济结构特征。莱斯特·R. 布朗则认为，“所谓生态经济，就是能够满足我们的需求而又不会危及子孙后代满足其自身之需的未来前景的经济”。该定义是可持续发展概念的翻版，说明了生态经济的目的是可持续发展，但没有说明生态经济的具体特征。赫尔曼·E. 戴利根据约翰·穆勒“静态”的概念，把生态经济描述为“稳态经济”，其“主要目的就是使财富和人类存量保持恒定不变，使之足以保持长期的美好生活，使这些存量足以维持的通量应该处于低位而不是高位，而且总处于生态系统的再生和吸收能力范围之内”，并提出经济结构变化将对稀缺资源的依赖越来越小，只要经济中的投入水平与外部输入相当，资源就能达到最优利用率。他认为稳态经济具有 4 个特征：一是持衡的人口数量；二是持衡的人造资本数量；三是上述两个数量的持衡水平要足以使人们过上较好的生活并延续到未来；四是维系人口和资本数量所需的物质——能量流通速率要降到最低的可能水平。与戴利的观点类似的还有德内拉·梅多斯、乔根·兰德斯、丹尼斯·梅多斯的“零增长‘全球均衡状态’”（该观点出自 1972 年首次发表的《增长的极限》），后者在过去几十年多次警告“人类‘已经’处于无法持续的恐怖之中”。可见，他们对生态经济的共同看法是，作为地球生态系统的子系统，经济系统必须保持一个低增长（甚至零增长）、低消费水平。1990 年，Norgaard 提出的协调发展理论认为，通过反馈环节在社会与生态系统之间可以实现共同发展，这一理论把经济发展过程看作不断适应环境变化的过程。他指出西方的科学与一体化通过新技术控制自然界，而不注重社会与生态系统之间的深入联系，因此破坏了协调发展的模式。此外，还有学者从人口、收入分配、伦理等多个维度对生态经济进行了讨论。总的来看，生态经济学认为人类追求的目标是在特定的自然环境与社会条件下，经济平衡与生态平衡有机联系的最佳组合，即寻求最适度的生态经济平衡。

我国的生态经济理论研究源起于20世纪80年代，是在解决国家经济建设实际问题的过程中催生出来的。由于我国人口增长过快，生态环境恶化越来越严重，一些从事生态学、经济学、农学领域研究的学者积极行动起来，成立了中国生态学会，并积极召开各种座谈会和讨论会，其标志是1982年11月在南昌举行的全国第一次生态经济讨论会。此后，我国学者在借鉴西方生态经济学、马克思主义生态经济思想和中国传统生态经济智慧的过程中，逐步形成了自己的生态经济学理论体系。

不少学者围绕生态经济体系的内涵、特征和实施路径展开研究。庄贵阳认为健全绿色、低碳、循环发展的现代化经济体系，必须以生态文明建设目标行动为导向，并提出以生态安全为底线，以新旧动能转换为目标，以绿色低碳循环发展为特征，以生态与产业融合、制造业转型升级、清洁能源体系、绿色消费模式为核心内容，以绿色金融、考核评估和技术创新为动力，以生态环境治理体系和治理现代化为保障的生态经济实践路径。文传浩等提出，生态经济不是在原有系统基础上单纯依赖提高效率的模式并保留系统结构，而是从网络化、整体化和生态集聚化的视角对经济系统进行整体改造。其认为从体系内部的组织方式来看，实行生态化改造，并根据地区实情与基础对新兴产业实行“清洁化、绿色化”升级，实现农业、工业与服务业生态融合发展转型；从创新角度来看，在技术、模式、组织、管理、制度等不同领域开展多种形式、多种类型的创新发展和创新环节的培育营造，构建并完善创新生态体系，以保障产业投入—产出全过程的高效率；同时，在空间上强调对土地等稀缺资源的集约利用，对生产、生活和生态空间进行功能划分。因此，现代化生态经济体系跳出了产业局限，将人与自然和谐共生的理念体现在不同层面，具有全产业、全空间、全领域、全过程、全要素等特点。陈洪波则认为生态经济体系是一种保持“生态中性”经济增长的经济体系，即遵循生态学规律和经济规律，在不影响生态系统稳定性的前提下保持较高的经济增长水平，以满足人民日益增长的对美好生活需要的经济体系。它的具体特征是：生态影响最小化和生态经济效益最大化、零碳可再生能源为动力驱动、清洁生产与生态产业链有机衔接、简约无废的物质消费与丰富的非物质消费并重。在实践中，构建生态经济体系，需要建立以反映生态要素稀缺性为基础的市场体系、以生态创新为依托的技术支撑体系、以高质量发展为导向的现代生态产业体系、以生态资本增值和价值实现为目标的投资体系和以生态经济效率和效益为引领的绩效评价体系。詹玉华等提出，在我国生态经济学理论体系构建过程中，学者们偏重西方生态学、经济学的相关理论，借鉴了马克思主义的唯物辩证法，而未重视马克思主义理论对于生态经济学的奠基性作用，主张构建具有中国特色的生态经济学应该将中国传统生态经济思想充分融入现代生态经济学。

从研究方法来看，生态经济研究主要是处理自然社会经济系统的可持续发展问题，其研究方法主要建立在生态经济系统理论之上，分为生态经济可持续发展的定量衡量方法与生态经济系统的整合模型研究两大类。第一类为生态经济可持续发展的定量衡量方法，主要包括基于系统理论综合评价指标体系构建、基于货币估值理论的评价方法和具体的生物物理衡量方法。在综合评价指标体系方面，联合国可持续发展委员会（UNCSD）建立的“驱动力—状态—响应”（DSR）指标体系是目前得到较广泛应用的基于可持续发展的生态经济评价工具。中国科学院可持续发展研究小组 1999 年提出的中国可持续发展指标体系是国内采用系统理论和方法构建指标体系的研究典范。近年来，国内学者结合区域发展，也构建了针对不同研究尺度、不同研究对象的指标体系，并运用不同的分析方法，对区域生态经济发展进行了评价；在基于环境货币化估值的指标体系方面，联合国统计局 1993 年提出的综合环境和经济账户体系（SEEA），第一次完整地给出了经济、资源、环境的综合核算。二十多年来，基于环境货币化估值的指标体系在衡量国家和地区生态经济可持续发展方面的研究方兴未艾；而在具体的生物物理衡量指标方面，主要包括生态足迹、能值、生态系统服务价值等，以及由它们之间的组合、与其他技术方法相结合而衍生出的诸多方法。第二类为生态经济系统整合模型研究，由于研究系统因子和关系的复杂性、时空尺度多样性、模型稳健性和预测性双重性，生态经济模型比单学科模型要复杂得多，主要包括生态经济非线性动力学模型、结构方程模型等。

总的来看，生态经济要求生态和经济方面要形成两个良性循环，在运用生态学原理、市场经济理论和工程管理的现代科学技术方面，经济和环境要协调发展，最终构建一个经济、社会、环境和资源协调发展的现代经济体系。生态经济体系的本质是在不破坏生态环境、保证自然再生产以及在生态系统环境的承载能力内的前提下，大力发展经济，不断优化产业结构，优化经济布局，提高资源和环境的承载能力，进而不断增强经济实力，形成一个高效率的、可持续健康发展的社会-经济-自然复合生态系统。

2.1.2 生态环境与城市发展相关研究

随着人们的追求日益多样化，人们对人居环境的要求也逐渐提升，作为高品质生活和高水平经济的代表，城市更加突出地体现了经济发展与生态环境之间的矛盾，促进生态与经济的和谐发展已成为城市学研究的重要领域之一。生态环境与城市发展相关研究主要包括两个方面：一是城市化与生态环境发展；二是生态城市建设。

城市化与生态环境交互耦合效应的研究，已成为国际上未来10年地球系统科学与可持续性科学研究的热点与前沿领域。这是因为，全球城市化进程的加快，正在对城市周围生态环境造成现实或潜在的威胁。早在1991年世界卫生组织就指出："世界正面临着自然环境的严重恶化和生活在城市环境中人们生活质量的加速下降这两大问题。城市化对威胁未来生存的全球环境变化有着重要影响。"1995年联合国助理秘书长沃利·恩道在《城市化的世界》中曾告诫："城市化既可能成为无可比拟的未来之光明前景所在，也可能成为前所未有的灾难之凶兆，所以未来会怎样就取决于我们当今的所作所为。"2005年"国际全球环境变化人文因素计划"（International Human Dimensions Programme on Global Environmental Change，IHDP）制订了"城市化与全球环境变化"科学研究计划，并将其作为全球变化研究核心项目，提出通过时空尺度交叉、时空尺度比较以及公众与政策制定者之间的交流等方式加强城市化与全球环境变化之间耦合关系的研究。2005 年联合国出版的千年生态系统评估（Millennium Ecosystem Assessment，MA）报告《生态系统与人类福祉：当前与未来趋势》，对城市系统进行了专门的评价，并特别强调了城市生态系统的脆弱性随着气候变化的影响更加脆弱的趋势。2012 年发布的未来地球计划（Future Earth，FE）是旨在为人类社会提供应对全球变化的挑战和探求全球可持续性转变机会关键知识的为期 10 年的国际研究计划，其中城市化作为地球表层最剧烈的人类活动过程的阈值、风险、临界点是研究的前沿领域。2013 年 9 月中国科学技术协会在北京组织了主题为“未来地球在中国”的国际会议，确认了中国需要优先解决的、与可持续性能力建设相关的问题，其中将“亚洲城市化对区域环境、社会影响研究，以及健康的相互作用关系”列入研究议题。2014 年 11 月国际科学联盟发布了“未来地球 2025 愿景”（Future Earth 2025 Vision），提出在“未来地球”研究计划中须重点加强 8 个领域的相关研究，其中将“城市化建设”列为重要研究领域。因此，如何处理城市化与生态环境保护的协调关系，是构建城市生态经济体系的重要目标之一。

由于城市发展，特别是大城市呈现不可持续的高密度集聚、高速度扩张、高强度污染和高风险的资源环境保障威胁，成为城市病及生态环境问题突出的“重灾区”，生态城市建设成为生态环境与城市化发展相关研究的重要议题之一。1971 年，联合国教育、科学及文化组织发起了“人与生物圈计划”并致力于开展对生态城市的探索，认为生态城市是“从自然生态和社会心理两方面出发，共同创造的一种能够充分将技术和自然相融合的供人类进行活动的最优环境，它可以诱发人的创造性，刺激生产力，并向人们提供高水平的物质及生活方式”。前苏联生态学家 N. 扬尼斯基也对“生态城市”进行了定义，他指出生态城市是一种理想栖境，其中技术与自然充分融合，人的创造力和社会生产力都得到了最大限度的保护，物质、能量和信息被高效利用，生态环境实现了良性循环。1990 年，第一届国际生态城市研讨会（International Eco-city Conference）召开，此后国际城市生态组织先后召开了四届会议，提出建设生态城市应该包括对盲目地进行扩张、刺激城市无序蔓延的行为加以管制；高效合理利用地区资源；塑造节约型的交通体系；对传统的村庄、小城镇及广大农村地区实施改造；修复遭到破坏的自然生态环境；强化政府的管理职能；实施一系列经济激励政策等。

我国人口众多，人均资源占有率低，特殊的国情促使我国在进行经济建设并取得巨大成就的同时，积极开展了一系列的环境保护和生态治理工程。自 20 世纪 80 年代开始，基于城市进行的生态与经济协调研究就在我国学术界引起关注。1988 年，王如松等分析了城市生态系统中的经济、社会和自然结构，以及生产和生活自我还原功能的结构体系。此后，多位学者认可城市是一个复合生态系统，保障了经济发展、社会进步和生态保护三者之间的高度和谐关系，从而最大限度地发挥人类的创造力、生产力，有利于促进城市文明程度的稳定、协调和可持续发展。黄金川等分析了城市发展与生态环境的相互作用关系，认为城市通过人口增长、经济发展、能源消耗和交通扩张对生态环境产生胁迫；生态环境又通过人口驱逐、资本排斥、资金争夺和政策干预对城市发展产生约束。与此同时，《中国 21 世纪议程》对我国的生态、资源、环境进行评价，为未来城市建设和发展提供理论支持。议程指出要建立资源节约型经济体系，将自然资源管理纳入国民经济和社会发展计划，建立自然资源与经济综合核算体系，运用市场机制和政府宏观调控相结合的手段，促进资源合理配置。

总的来看，关于生态经济的研究在我国兴起以后，被迅速用于指导我国生态城市建设。然而，很多关于城市发展与生态理念相融合的研究都集中于城市的建设、规划、设计等方面，而对于将生态经济思路与城市发展演化的规律相结合的研究并不丰富。

2.1.3 产业生态化相关研究

学术界和产业界对于产业生态化的研究时间较早、系统性较强，政策层面从推行清洁生产到循环经济、可持续发展理念都是产业生态化的体现，实证方面研究多偏重对区域内部产业生态化效率评估，或是某一生产环节的流程优化和循环利用。日本东京大学提出了“逆生产”（Inverse Manufacturing）理论，认为所有产品都必须以能够在自然环境中得到处理为前提进行产品设计、生产和消费。Graedel T E 等提出产业生态学的研究范畴不仅包括产业经济系统，还包括生活消费系统。之后，一些对经济系统物质代谢过程的识别评价、调控设计技术支持的各种分析方法和工具相继出现，如物质流分析（Material Flow Analysis，MFA）、物质投入产出表（Physical Input-Output Table，PIOT）分析、单位服务的物质消耗（Material Input Per Service Unit，MIPS）和生态足迹（Ecological Footprint，EF）分析等。黄志斌等认为产业生态化是指按照“绿色、循环、低碳”产业发展要求，把物质生产过程中的主要产业活动纳入生态系统循环，把产业活动对自然资源的消耗和对环境的影响置于生态系统物质能量的总交换过程中实行循环流动。曾晓文等则提出产业生态化是将生态化融入生产、分配、交换、消费各个环节，并以广东省为例分析了其从工业大省转变为生态化工业产品大省的经验，同时还提出了建设生态化技术体系、生产组织体系和加强区域间合作等建议。颜建军等认为能源产业的生态化促进了湖南省经济发展水平的提高和产业升级，而产业生态化在湖南省的具体途径包括提高煤炭加工转化效率、构建生态产业园、发挥生态产业链协同效应等。在区域层面，付德申运用 DEA 方法对中国十大城市群的产业生态化效率进行了评价，结果发现以城市群为单位的产业生态化效率整体不高，且城市群之间存在较大差异，其中大城市群生态化效率较高，原因在于这些地区吸引外资能力更强、技术共享程度更高。在张亚明等关于测度京津冀地区生态效率的研究中，同样发现内部各城市生态效率存在显著差异，其中河北张家口地区在生态环境支撑方面相对落后。

总的来看，国外产业生态化研究的关注点体现在工业代谢、产品的生态设计、生命周期评价，某些单个产业、行业的物质循环，以及生态经济的经济政策、手段、立法等方面。国内对产业生态化的讨论则主要集中在对区域循环经济发展模式、物流能流分析等方面的探索。综合以上研究可以发现，对产业生态化的研究存在从理论向量化、实证转化的趋势，产业生态网络也由企业内部的生态化工艺改造发展到以产业园区和产业链为载体的绿色循环模式，随着信息技术的发展和产业间联系的加强，城市生态产业网的构建研究将成为热点。

2.1.4 生态产业化相关研究

生态产业化的研究以自然资源价值论、生态产品（或生态服务）市场价值等为基础，相关理论主要集中在早期的自然资源虚拟价值和近期的自然资源核算体系建设框架等。关于生态产业化的原则和实施方式，张云等提出生态产业化是按照社会化生产、市场化经营的思路提供生态服务，生态产业化应包括多种方式和路径。杨亚妮等也认为生态建设必须在市场这个大背景下进行，既要靠政府的制度政策也需要尊重市场规律，才能使生态建设不至于成为口号。因此，生态产业化要鼓励科技创新，推行生态工程产业化，把生态经济建立在科学技术的基础上。当前，生态产业化实证研究最丰富的领域是森林资源和生态旅游的利用开发。例如，耿玉德从林业产业关联化的视角分析国有林场林业产业化，认为多种经营和综合利用在林区发展中起到了越来越重要的作用，并且强调由于生态系统的稳定性阈值比较低，其产业化应以生态环境效益保障为前提。温铁军提出生态产业化的关键在于能否把生态环境优势转化为生态农业、生态工业及生态旅游业等生态经济优势。并且，他指出乡村振兴的关键在于活化农村不被定价而长期沉淀的生态资源，通过生态资源价值实现形式的创新，促进城乡要素有序流动，从而建立生态建设投入与效益良性循环机制的过程，生态产业化是生态资源优势在市场经济环境中实现健康、稳定发展的有效途径。

2.2 城市生态经济体系理论基础

2.2.1 习近平生态文明思想与生态经济发展

习近平生态文明思想是马克思主义关于人与自然关系思想在中国发展的最新

成果，是中国共产党对人类社会发展规律和中国特色社会主义事业发展规律认识所取得的重大理论成果。新时代生态经济发展必须坚持以马克思主义生态思想和习近平生态文明思想为指导。生态文明思想强调“五位一体”，即以“生态-政治-经济-社会-文化”五维复合系统作为研究对象，在习近平生态文明思想的指导下，统筹生态建设与经济建设、政治建设、文化建设、社会建设之间的关系。“五位一体”的生态文明建设是研究生态经济规律和建立生态经济体系的又一次深化，进一步丰富和完善了我国生态经济理论体系，并为新时代的生态经济体系构建提供了强有力的思想基础。“绿水青山就是金山银山”“保护生态环境就是保护生产力，改善生态环境就是发展生产力”“生态环境是民生福祉”“人与自然和谐共生”“山水林田湖草沙是生命共同体”等是新时代生态经济发展的重要理论基础。

（1）“绿水青山就是金山银山”理念

“绿水青山就是金山银山”理念，继承了“天人合一”的中华民族智慧，体现着人与自然和谐共生的本质内涵。也就是说，绿水青山是“人的无机的身体”，只有留得绿水青山在，才能保护人类自身，破坏了绿水青山，最终会殃及人类自身；而只有坚持人与自然和谐共生，守望好绿水青山，才能永恒拥有绿水青山。改革开放以来，我们认识到发展是硬道理，也逐步认清经济社会与生态环境之间复杂互动的三大发展阶段：从为了金山银山去改造和征服绿水青山，到既要金山银山又要绿水青山，再到绿水青山就是金山银山。我国的现代化建设已取得举世瞩目的进步，但也给生态环境带来了严重的破坏，付出了巨大的资源环境代价。正因如此，以习近平同志为核心的党中央，把生态文明建设纳入“五位一体”总体布局，把建设美丽中国确定为中华民族永续发展的千年大计，倡导树立和践行“绿水青山就是金山银山”理念，努力将生态优势转化为发展优势，为子孙后代留下天蓝、地绿、水净的美好家园。

（2）尊重自然、顺应自然、保护自然理念

保护自然早是耳熟能详的话语，但将其与尊重自然、顺应自然整合为一个基本理念，最早出现在党的十八大报告中。随后，习近平总书记在广东省考察时再次重申“尊重自然、顺应自然、保护自然的生态文明理念”。在此后多次的讲话和贺信中，习近平总书记反复强调和阐发了这一理念。党的十九大通过的新党章规定，要“树立尊重自然、顺应自然、保护自然的生态文明理念”。

当前，中国的发展面临着资源约束趋紧、环境污染严重、生态系统退化的严峻形势，要破解“瓶颈”，就要实现工业文明向生态文明的转变，实现人与自然的和谐相处。为此，习近平总书记反复倡导树立和践行尊重自然、顺应自然、保护自然的理念。尊重自然，是人与自然相处应秉持的首要态度，它要求人对自然怀有敬畏之心、感恩之心、报恩之心，尊重自然界的存在及自我创造，绝不能凌驾于自然之上；顺应自然，是人与自然相处时应遵循的基本原则，它要求人顺应自然的客观规律，按照自然规律来推进经济社会发展；保护自然，是人与自然相处时应承担的重要责任，它要求人向自然界索取生存发展之需时，主动呵护自然，回报自然，保护生态系统。习近平总书记明确指出，人与自然是生命共同体，人类必须尊重自然、顺应自然、保护自然。只有这样，才能有效防止在开发利用自然上走弯路，人类对大自然的伤害最终会伤及人类自身，这是无法抗拒的规律。

（3）绿色发展、循环发展、低碳发展理念

绿色发展理念在习近平总书记的讲话中被经常提及，并被纳入党的十八届五中全会确立的“五大发展理念”。党的十九大报告再次强调了绿色发展理念。习近平总书记还先后提过循环经济发展、循环经济、绿色低碳等理念。因为在习近平总书记系列讲话和党的文献中“绿色发展”“循环发展”“低碳发展”经常并列使用，有时表述为“绿色循环低碳发展”“绿色低碳循环发展”“绿色、循环、低碳发展”，所以三者实际构成了一个基本理念，即绿色发展、循环发展、低碳发展理念。

在习近平生态文明思想中，包括绿色发展、循环发展、低碳发展理念 3 个方面，但这 3 个方面是交叉重叠、有机统一的，都要求转变发展观念，不以牺牲环境为代价换取一时的经济增长，不走“先污染后治理”的路子。要求把生态文明建设融入经济、政治、文化和社会等各方面建设中，形成节约资源、保护环境的空间格局、产业结构、生产方式、生活方式，为子孙后代留下天蓝、地绿、水清的生产生活环境。其中，绿色发展理念侧重强调以效率、和谐、可持续为目标的发展方式，其要义是要处理好人与自然和谐共生的问题。坚持绿色发展，就要坚持节约资源和保护环境的基本国策，推动自然资本大量增值，形成人与自然和谐发展的新格局；循环发展理念侧重强调以减量化、再利用和资源化为路径的发展方式，其要义是建设以循环经济为核心的生态经济体系。坚持循环发展，就要推进资源的全面节约和循环利用，降低能耗、物耗，实现生产生活系统循环链接，以实现经济社会持续健康协调发展，为今后发展提供良好的基础和可永续利用的资源与环境；低碳发展理念侧重强调低耗能、低污染、低排放为特征的发展方式，其核心是加强研发和推广节能、环保、低碳能源技术，共同促进森林恢复和增长，增加碳汇，减少碳排放，减缓气候变化。坚持低碳发展，就要推进能源生产和消费的革命，优化能源结构，落实节能优先方针，构建清洁低碳、安全高效的能源体系，倡导简约适度、绿色低碳的生活方式，反对奢侈浪费和不合理消费。我们要树立正确的发展理念，切实做到经济效益、社会效益、生态效益同步提升，实现百姓富、生态美的有机统一。

习近平生态文明思想为构建新时代生态经济体系奠定了道路自信、理论自信、制度自信和文化自信。不同国家在解决生态环境问题时往往会选择不同的道路，这是因为不同国家的生态资源禀赋、经济发展水平、制度背景、传统文化等不尽相同。中国生态环境治理道路，既有别于西方的“先污染后治理”，又超越中国传统环保模式的绿色发展道路。“绿水青山就是金山银山”等理念的提出，体现了新时代生态经济的理论自信。同时，习近平生态文明思想为生态文明建设提供了制度保障，包括实行生态补偿制度、建立生态绩效评价考核和责任追究制度等。习近平生态文明思想是马克思主义生态思想与中国实际相结合、同中华优秀传统生态文明相结合的重大成果。新时代生态经济体系既承袭了中华传统文化的哲学思想，又吸收了马克思主义生态经济思想，体现了中国共产党的使命担当和中华民族的文化自信。

2.2.2 “绿水青山就是金山银山”与生态经济发展

在全球生态问题日益突出的今天，良好的自然生态不仅是人类生存的环境要求，也是经济发展的动力和经济增长的主要途径。浙江省委书记习近平同志主政浙江期间，就十分重视生态建设，把生态建设贯穿于经济建设之中。他在《浙江日报》发表文章指出，“我们追求人与自然的和谐，经济与社会的和谐，通俗地讲，就是既要绿水青山，又要金山银山”。2015 年 3 月中央政治局会议通过了《关于加快推进生态文明建设的意见》，正式把“绿水青山就是金山银山”写进中央文件，成为我国社会主义现代化建设中关于生态文明的重要指导思想之一。强调“绿水青山就是金山银山”的价值理念，对于新时代加强社会主义生态文明建设，满足人民日益增长的优美生态环境需要，建设美丽中国具有重要而深远的意义。

（1）“绿水青山”和“金山银山”关系

“绿水青山”和“金山银山”，是习近平总书记在论述我国经济发展与生态环境保护的关系时多次使用的两个概念。“绿水青山”喻指人类持久永续发展所必须依靠的优质生态环境，它是自然本身蕴含的生态价值、生态效益；“金山银山”则喻指人类社会以物质生产为基础的一切社会物质生活条件，它是人类开发利用自然资源过程中产生的经济价值、经济效益。“绿水青山”和“金山银山”之间是存在矛盾的，但又可以辩证统一，生动反映了社会经济发展与生态环境保护的辩证统一关系。“绿水青山”和“金山银山”随着人们的认识和实践的发展逐渐从对立走向融合。中华人民共和国成立以来，我国对自然生态与经济发展关系的认识经历了初期的“绿水青山”换取“金山银山”，到后来的保护“绿水青山”发展“金山银山”，直至当前的“绿水青山就是金山银山”3 个阶段，这是对自然生态与经济发展辩证关系认识的演变历程。

中华人民共和国成立初期，经济建设以效益优先，用“绿水青山”去换“金山银山”，不考虑或者很少考虑环境、资源的承载能力。为了经济的发展，一味索取资源，过度开发，如东北大兴安岭漫山遍野生长了几百年的原木被砍伐，导致其森林资源锐减，后续资源补充乏力。由森林覆盖的减少带来了一系列问题（如土地沙化、水土流失、污染环境等），再加上其他自然资源的过度利用，石油、煤炭等不可再生资源越来越少，利用“绿水青山”去换取“金山银山”的发展模式已经显露弊端。

改革开放以来，资源环境问题日益凸显，人们认识到再不重视资源环境将付出惨重代价，所以提出在经济建设中既要实现经济的快速增长即“金山银山”，也要环境和谐即保住“绿水青山”。随着几十年来过度地索取自然资源导致经济发展与资源匮乏、环境污染，人与自然之间的矛盾已经明显升温激化，国家已逐渐认识到保护资源环境刻不容缓。

随着中国特色社会主义新时代的到来，习近平等国家领导人认识到不仅要保护资源环境，更是要让“绿水青山”的资源环境成为一种生产力，生态资源变成经济资源，所以“绿水青山就是金山银山”，自然生态与经济发展形成一种和谐统一的辩证关系。对于“绿水青山”与“金山银山”的辩证关系，习近平同志多次进行过生动精辟的论述。2005 年 8 月，习近平同志在《之江新语》专栏发表一篇题为《绿水青山也是金山银山》的评论，文中指出：“如果能够把这些生态环境优势转化为生态农业、生态工业、生态旅游等生态经济的优势，那么绿水青山也就变成了金山银山。”2013 年 9 月 7 日，习近平主席在哈萨克斯坦纳扎尔巴耶夫大学演讲时的答问中表示：“中国明确把生态环境保护摆在更加突出的位置。我们既要绿水青山，也要金山银山。宁要绿水青山，不要金山银山，而且绿水青山就是金山银山。我们绝不能以牺牲生态环境为代价换取经济的一时发展。”2014 年 3 月 7 日，在参加第十二届全国人民代表大会第二次会议贵州代表团审议时，习近平总书记进一步强调：“为什么说绿水青山就是金山银山？‘鱼逐水草而居，鸟择良木而栖。’如果其他各方面条件都具备，谁不愿意到绿水青山的地方来投资、来发展、来工作、来生活、来旅游？从这一意义上说，绿水青山既是自然财富，又是社会财富、经济财富。”可见，“绿水青山就是金山银山”深刻阐明了发展与保护的本质关系，揭示了坚持绿色发展观，把生态资源环境优势转化为经济优势、竞争优势和发展优势，“绿水青山”就能源源不断带来“金山银山”的深刻哲理。

“绿水青山是金山银山”实现的前提和基础，也是“金山银山”的目的和归宿。自然资源、自然环境本身表现出的生态效益、生态价值是自然赋予人类的最大、最丰厚的经济效益和经济资本。倘若人类在与自然相处过程中，只考虑人类自身的主体性目的，肆意地征服、掠夺自然，就会破坏人与自然之间的平衡，造成自然生态系统新陈代谢链条的破坏和断裂，最终危及人类社会的健康和可持续发展。

“金山银山”是“绿水青山”长久维持和保护的物质前提与保障。“绿水青山”是一个需要长久维持、不断改善的生态系统，无论是保护环境还是改善生态都必须有物质条件做保障。人类既要敬畏、尊重自然规律，承认、保护自然价值，也要通过自身社会实践活动有目的、有意识地征服和改造自然，使之日益符合人类社会发展规律和发展趋势。如果人类只为适应自然规律，而忽视了人类主体自身的目的性，也会使自然本身失去其自身的存在意义和存在价值，也不可能建立真正意义上的人与自然和谐共生关系。

“绿水青山”和“金山银山”相互联系、相辅相成，但也常常处于矛盾之中。人类认识世界、改造世界的历史实践中，往往面临“绿水青山”和“金山银山”的两难选择，也出现过为“金山银山”而牺牲“绿水青山”的惨痛教训。习近平总书记指出：“自然是生命之母，人与自然是生命共同体，人类必须敬畏自然、尊重自然、顺应自然、保护自然。”“我们绝不能以牺牲生态环境为代价换取经济的一时发展。”这就明确了人类在生态危机面前应作出的合规律性的价值抉择，为我们正确处理“绿水青山”与“金山银山”之间的矛盾提供了根本遵循。

（2）“绿水青山就是金山银山”与生产力

“绿水青山”和“金山银山”都是生产力，前者是自然生产力，后者是社会生产力，只有二者相统一，才能促进社会人与自然和谐发展。

马克思主义认为，生产力是人类征服自然、改造自然的能力，是社会发展的决定性力量。其基本构成要素包括生产工具、劳动对象和劳动者。其中，劳动者是生产力中最活跃的因素，生产工具是生产力发展的重要标志。人类长期的社会实践经验告诉我们：没有优良的自然生态环境、丰富的自然资源，社会生产力的发展也就失去了其长久、可持续发展的基本物质前提。

“绿水青山”是自然生产力，简称自然力。“绿水青山”是大自然的原生形态，人类只是大自然中的一员。“人直接是自然存在物”。人们最初依靠大自然提供给我们的物质资源才能存活，利用自然的馈赠，我们称其为自然力。人类是在大自然的庇护下，同时在与各种自然现象作斗争的过程中生存和发展的，人类从始至终都与自然不可分割，并且利用自然力进行自身的发展。“绿水青山”就是一种天然的自然力、一种天然的使用价值，而“更多的使用价值本身就是更多的物质财富……”“绿水青山”是人类生存和发展的前提。随着人类生产力的快速提高，人类在很大程度上可以按照自己的欲望改造自然。这种情况下生产发展的目的是追求更多的物质财富，实现无限制地对物质的占有。这时人类成功地将自然力转化为“金山银山”，即社会发展的“力”。但是，自然界的资源拥有能力和承受能力不是无限的，无法永远满足人类的无限度的开发，一旦资源开发达到一个自然可以承受的临界点，自然与人类的矛盾必然爆发。自然界开始进行疯狂的反抗，人与自然的关系也异常紧张，事实上，社会工业化的发展已经带来了一系列环境问题，人类也在吞食着自己造成的恶果。“保护生态环境就是保护生产力，改善生态环境就是发展生产力”。自然力本身就是一种生产力的观点是显而易见的，保护自然生态就是保护生产力，破坏自然就是破坏生产力。“绿水青山”是人类生存的自然环境，给人类的发展提供自然力，它是一切社会发展和人的发展的最初资源，是潜在的经济能源。“金山银山”是人类社会整体发展的物质成果，是社会物质生产力，是人类改造自然基础上得到的发展成就。那么“绿水青山就是金山银山”就是自然力与社会力的有机融合，是一种全新的生产力发展形态——生态生产力。

习近平总书记立足于马克思主义生产力发展的基本立场，应对新时代经济社会发展的强烈呼唤，强调“绿水青山就是金山银山”，要求“牢固树立保护生态环境就是保护生产力、改善生态环境就是发展生产力的理念，更加自觉地推动绿色发展、循环发展、低碳发展，决不以牺牲环境为代价去换取一时的经济增长。”这是保护和改善生态环境就是保护和改善生产力的全新价值理念，把自然生态环境视为推动生产力发展的活跃因素。生产力不仅是人类征服、改造自然的能力，而且是人类认识、保护和改善自然的能力；解放和发展生产力，不仅表现在变革生产关系，完善社会体制、机制以适应社会生产力发展的要求，而且表现为保护和改善自然生态环境以满足社会生产力的可持续发展需要。“绿水青山就是金山银山”理念改变了人们对生产力的内涵及其构成要素的传统认识，是对马克思主义生产力理论的创新发展，为新时代社会主义生态文明建设奠定了坚实而科学的理论基础，为实践发展提供了根本遵循。

（3）“绿水青山就是金山银山”与民生福祉

人民群众对美好生活的需要之一就是人们对高质量生态环境的需求。随着现代化进程的加速，近年来环境问题成了影响人民生活质量的重要因素之一，如沙尘暴、$PM_{2.5}$等。良好的生态环境是人类和社会持续发展的基础，只有改善人民生活的大环境，才能使生产顺利进行，人民安居乐业，人类健康发展。习近平总书记的生态民生观，就是“以人民为中心”在生态领域的重要体现，是对以人的全面发展为目标的社会主义和谐社会思想的重要发展理论创新。习近平总书记在十八届中央政治局常委同中外记者见面时指出，“我们的人民热爱生活，期盼有更好的教育、更稳定的工作、更满意的收入……人民对美好生活的向往，就是我们的奋斗目标”。党的十八大以来国家把生态文明建设纳入社会主义现代化建设的总体布局。良好的生态环境是生产和生活的基础，如果没有丰富的自然资源和良好的环境，社会就会生产乏力、生活困苦。生态文明是全面建成小康社会的重要维度之一，也是小康社会的内在要求。良好的生态环境是全面建成小康社会的物质基础，如果没有良好的生态环境，就无法实现经济社会健康发展，人民群众也无法正常生活。全面建成小康社会，是包括社会建设方方面面的各项事业的小康，是包括不落下一个人的小康。“以人为本”是根本原则，但良好的生态环境是最普惠的民生福祉，是人类活动的根本前提。在传统工业文明的视野中，人自以为是至高无上的，为了人的存在，人可以对自然界进行无限制的改造、征服，这样生态环境恶化就成了不可避免的事实，而在生态文明的视野中，人类在处理与自然的关系时，不应过分强调其主体能力，也不能无限夸大人类对自然的主宰性，而是应将自己视为自然界的一部分，在满足自身生存和发展需要的同时，适当约束和限制自己的需求，关爱自然，保护自然。人类在利用和改造自然时，应把对自然的损害限制在自然生态系统可承载的范围之内，不能破坏自然生态系统的稳定、平衡，以实现人与自然和谐的生态目标。

（4）经济发展模式与生态经济

传统经济发展模式的物质能量循环路径是“资源—产品—废物”。因此，按照这种经济发展模式，经济发展速度越快，破坏资源环境的代价就越大，经济发展的后劲就越不足。生态经济是全新的经济发展模式。探索“绿水青山”转化为“金山银山”价值实现机制，这对构建新时代生态经济体系，践行习近平生态文明思想、完善国家生态文明建设制度体系意义重大。

生态经济是近年来学术界研究的重要领域，它是生态学和经济学交叉研究的产物，生态经济就是生态与经济的协调发展。随着生态环境问题的日益突出和经济发展面临的困境，生态经济学领域提出了“生态经济协调发展论”这一新的研究方向。生态与经济的协调发展就是要坚持绿色、低碳与循环经济，调整和优化经济结构，这是实现科学发展的必然要求，也是应对全球气候异常、缓解人口资源环境压力、实现全面协调可持续发展的必然选择。生态经济要以节约资源、保护环境、改善生态为导向开展经济工作，着力调整投资结构，优化各种生产要素的投入比例和技术方式，推动经济、社会和生态发展实现良性循环。

2.2.3 现代化经济体系与生态经济体系

（1）现代化的内涵

我国的“现代化”实践经历了一个长期过程，不同发展阶段具有不同的内涵。

1954年第一届全国人民代表大会首次明确了我国社会主义建设的战略目标是“现代化”，其主要内容为工业、农业、交通运输业和国防4个方面，“工业化”是基础。1963年周恩来在关于社会主义建设的论述中明确提出了“四化”，即“农业现代化、工业现代化、国防现代化和科学技术现代化”，此时的“现代化”等同于“四化”。改革开放后，“现代化”的内涵更加丰富。1987年党对我国社会主义现代化建设作出战略安排，在“三步走”战略目标中提出，“第三步，到21世纪中叶，人均国民生产总值达到中等发达国家水平，人民生活比较富裕，基本实现现代化”。党的十九大报告在“两个阶段”战略中提出“把中国建成富强民主文明和谐美丽的社会主义现代化强国”，同时强调“我们要建设的现代化是人与自然和谐共生的现代化”，“富强民主文明和谐美丽”是对当代“现代化”的具体阐释，“美丽”与“人与自然和谐共生”相呼应。可见，“两个阶段”战略内涵对环境发展的要求，即经济建设、政治建设、文化建设、社会建设、生态文明建设各项目标都全面实现的现代化，要通过保护和改善生态环境并将良好的生态环境优势转变为经济社会发展优势来实现。生态文明建设成为当前阶段“现代化”的题中之义，这一建设能否取得成功，与此相对应的经济体系具有举足轻重的作用。

（2）经济体系的基本构成

2018年1月，习近平总书记在主持中共中央政治局就建设现代化经济体系第三次集体学习时指出“建设现代化经济体系是一篇大文章，既是一个重大理论命题，更是一个重大实践课题，需要从理论和实践的结合上进行深入探讨”，“现代化经济体系，是由社会经济活动各个环节、各个层面、各个领域的相互关系和内在联系构成的一个有机整体”，这个整体包括“产业、市场、收入分配、城乡区域发展、绿色发展、开放、经济体制”七大体系。目前学术界对“经济体系”既没有统一的定义，也没有现成的“现代化经济体系”国家模板可以学习。我国学者对现代化经济体系的研究主要围绕上述七大体系展开。就现代经济发展的本质而言，发展的根本在于质量提升和质态改进，即效率的提高和基于效率改进的经济结构优化，特别是产业结构高度的演进，而不是单纯的经济增长。产业体系和经济体制是现代化经济体系的核心。从微观经济学的视角来看，主要从成本、收益（效用）、价格角度研究微观经济主体的具体行为。经济体系是生产力的宏观载体，并影响生产力的发展，体系的变革源于生产力的发展，并为解放和发展生产力开创条件。因此经济主体、发展目的、发展动力、运行载体、发展路径、管理方式等都应纳入现代化经济体系这一立体化的结构中。影响现代化经济体系发展状态的要素包括发展总量和速度、发展水平和质量、发展结构和要素、体制机制运行、开放发展程度等诸多方面因素。总的来看，目前对经济体系的研究，主要基于传统理论经济学的研究范式，对经济体系中的生态要素等概念有所涉猎，但仍然理论深度不够，生态经济体系研究仍然滞后于现实需求。

（3）现代化经济体系内容

党的十九大报告对现代化经济体系如何建设进行了顶层设计，现代化经济体系是贯彻新发展理念，以现代产业体系和社会主义体制为基础的经济体系，是以自主创新和科技进步为驱动力、资源配置效率更高的经济体系，是数量与质量相协调、相适应的经济体系。根据既有文献，现代化经济体系主要包括以下 4 个方面：

一是现代化的创新体系，依靠创新驱动，以现代科技为第一生产力。创新是一个民族的灵魂，也是经济可持续、高质量增长的核心动力，是建设现代化经济体系的战略支撑。世界上已有的现代化国家，基本上都是先后抓住了前两次科技革命的机会，跨入了发达国家的行列。近年来，中国大力实施创新驱动战略，创新型国家建设初见成效，一大批重大科技成果脱颖而出，接近甚至位于世界前沿水平。但是，与发达国家相比，中国创新成果的质量还不高，核心技术更是差距明显，美国对中兴通讯股份有限公司的制裁，折射出中国在芯片这一核心技术方面的“短板”。习近平总书记曾指出，“核心技术靠化缘是要不来的”，现代化的创新体系，要求把创新驱动作为国家重要战略，注重核心技术的研发和科技成果的转化，使中国由“专利大国”“论文大国”向专利、论文“强国”转变。

二是现代化的市场体系，注重市场在资源配置中的决定性作用，更好地发挥政府的作用。现代化与市场化息息相关，建设现代化经济体系要以完善社会主义市场经济体制为前提，如果一个国家没有成熟的市场经济制度，就不可能实现真正意义上的经济现代化。改革开放40多年来，我国的社会主义市场经济制度已初步建立，但在很多方面还遗留着计划经济时代的烙印，严重阻碍了要素配置效率的提升，因此要进一步推动市场化进程，使市场在资源配置中起决定性作用。此外，现代化的市场体系，还要重视政府作用的发挥，并不是西方国家的市场经济体制才是现代的市场经济，要警惕市场化进程中“市场万能论”的错误理论，注重中央政府在宏观调控中的作用和地方政府在引导扶持方面的作用，弥补“市场失灵”问题。市场和政府“两只手”同时起作用，是新时代中国特色社会主义市场经济的重要特征，也是中国高质量发展的优势所在。

三是现代化的供给体系，要把提高供给体系质量作为建设和完善现代化经济体系的主攻方向。在人口红利逐渐削弱、环境规制越发严格的现实背景下，中国已经到了必须通过结构转型升级、强化实体经济来推动高质量发展的新阶段。消费需求增速放缓的主要原因不是居民收入增长不足，而是供给端的产品结构、质量难以满足人民的需求。现代化供给体系的建设，一方面要注重工业的转型升级，在淘汰落后产能的同时推动高等级的装备制造业的发展；另一方面要努力发展高端服务业，通过劳动力教育水平和综合素质的提升，使我国服务业向价值链高端攀升。具体而言，要将制造业智能化作为其转型升级的主要发展路径，服务业的升级也要以信息化和互联网为主要目标。

四是现代化的开放体系，要深度加入全球分工体系，实现中国经济与世界经济的互联互通、良性循环。现代化的对外开放体系体现了现代化经济体系的外联层面，作为世界经济体系的一个重要组成部分，中国经济与世界经济互联互通，中国的发展离不开世界，世界的发展也离不开中国。中国唯有主动参与和推动经济全球化进程，发展更高层次的开放型经济，才能够在成为多边经济体制捍卫者的同时，壮大我国的经济实力和综合国力。现代化的开放体系是全方位立体化的经济对外开放体系，不仅积极出口，还要扩大进口；不仅放宽市场准入积极吸引外资，还积极鼓励中国企业“走出去”；不仅注重同发达国家的合作，也积极沿着“一带一路”使发展中国家共享中国发展的成果。

（4）现代化经济体系中的生态要求

党的十八大报告提出“把生态文明建设放在突出地位，融入经济建设、政治建设、文化建设、社会建设各方面和全过程，努力建设美丽中国，实现中华民族永续发展”，生态文明建设成为“五位一体”总体布局的重要组成，生态建设与经济发展之间的双向融合趋势意义明显。

党的十九大报告指出，现代化经济体系是以创新、协调、绿色、开放、共享的新发展理念驱动的经济发展方式，是由高速增长阶段转向高质量发展阶段的必然要求。党的十九大报告指出将建设现代化经济体系作为社会主义现代化强国发展的战略目标，并提出了“建立健全绿色低碳循环发展的经济体系”的任务。随着社会主要矛盾发展转化，公众不断增长的对“优质生态产品”和“优美生态环境”需求是摆在党和政府面前的重大命题，建设资源节约型、环境友好型的绿色发展体系是解决这一问题的唯一正确途径。

党的十九大报告明确提出了“两阶段”生态文明建设的战略目标愿景，建立健全绿色低碳循环发展的经济体系，其最终目标和落脚点就是生态文明建设目标行动导向下的现代化经济体系。这一论述突出强调了现代化经济体系要在尊重自然、顺应自然、保护自然生态文明理念的指引下，走人与自然和谐共生的发展道路。资源节约、环境友好的绿色发展是现代化经济体系的组成部分，也是现代化经济体系中“生态”要求的具体体现。没有绿色发展，创新发展、协调发展、开放发展和共享发展就失去了前提条件，所谓“新发展理念”也将无从谈起，现代化经济体系建设也将成为“海市蜃楼”。无论从发展目标、基本思想还是实施路径来看，走生态之路的要求都已贯穿于现代化经济体系建设的整个过程。从目标来看，现代化生态经济体系追求发展成果的全民共享，既要创造更多物质财富和精神财富以满足人民日益增长的美好生活需要，也要提供更多优质生态产品以满足人民日益增长的优美生态环境需要。从基本思路来看，要求坚决摒弃损害甚至破坏生态环境的发展模式，坚决摒弃以牺牲生态环境换取一时一地经济增长的做法，走绿色发展的道路。从实现路径来看，要求走绿色低碳循环发展的道路，生产中要求调整经济结构和能源结构，优化国土空间开发布局，调整区域流域产业布局，培育壮大节能环保产业、清洁生产产业、清洁能源产业，走生态产业化和产业生态化之路。生活中要倡导简约适度、绿色低碳的生活方式，反对奢侈浪费和不合理消费。

2.2.4 习近平经济思想

2017 年 12 月 18 日，中央经济工作会议第一次提出“习近平新时代中国特色社会主义经济思想”，第一次明确了“一个新发展理念”和“七个坚持”的理论框架。

①坚持加强党对经济工作的集中统一领导，保证我国经济沿着正确方向发展。

②坚持以人民为中心的发展思想，贯穿到统筹推进“五位一体”总体布局和协调推进“四个全面”战略布局之中。

③坚持适应把握引领经济发展新常态，立足大局，把握规律。

④坚持使市场在资源配置中起决定性作用，更好发挥政府作用，坚决扫除经济发展的体制机制障碍。

⑤坚持适应我国经济发展主要矛盾变化完善宏观调控，相机抉择，开准药方，把推进供给侧结构性改革作为经济工作的主线。

⑥坚持问题导向部署经济发展新战略，对我国经济社会发展变革产生深远影响。

⑦坚持正确工作策略和方法，稳中求进，保持战略定力、坚持底线思维，一步一个脚印向前迈进。

2022 年 2 月 16 日，习近平经济思想研究中心在《人民日报》刊文，从 12 个方面阐释习近平新时代中国特色社会主义经济思想的丰富内涵。

①坚持党对经济工作的全面领导。

②以中国式现代化推进中华民族伟大复兴。

③坚持以人民为中心的发展思想。

④坚持社会主义市场经济改革方向，坚持和完善我国基本经济制度。

⑤科学认识把握新发展阶段。

⑥坚持新发展理念。

⑦加快构建新发展格局。

⑧坚持以高质量发展为主题，以供给侧结构性改革为主线。

⑧统筹好发展和安全两件大事。

⑩以创新驱动发展全面塑造发展新优势。

⑪坚定不移奉行互利共赢的开放战略。

⑫坚持正确工作策略和方法。

由中共中央宣传部、国家发展和改革委员会组织编写的《习近平经济思想学习纲要》，将习近平经济思想基本内容梳理归纳为 13 个方面：

①加强党对经济工作的全面领导是我国经济发展的根本保证；

②坚持以人民为中心的发展思想是我国经济发展的根本立场；

③进入新发展阶段是我国经济发展的历史方位；

④坚持新发展理念是我国经济发展的指导原则；

⑤构建新发展格局是我国经济发展的路径选择；

⑥推动高质量发展是我国经济发展的鲜明主题；

⑦坚持和完善社会主义基本经济制度是我国经济发展的制度基础；

⑧坚持问题导向部署实施国家重大发展战略是我国经济发展的战略举措；

⑨坚持创新驱动发展是我国经济发展的第一动力；

⑩大力发展制造业和实体经济是我国经济发展的主要着力点；

⑪坚定不移全面扩大开放是我国经济发展的重要法宝；

⑫统筹发展和安全是我国经济发展的重要保障；

⑬坚持正确工作策略和方法是做好经济工作的方法论。

2.3 城市生态经济体系的内涵与特征

2.3.1 城市生态经济体系的内涵

关于生态经济体系的概念，目前没有一个明确的被广泛认同的标准定义。从本质来看，生态经济是经济体系的一个主要组成部分。经济体系的发展是由市场经济和政府宏观调控共同完成的，与此同时，人类经济社会活动与自然灾害对生态环境造成直接压力，因此必须考虑生态系统与经济系统的有机统一，遵循生态关系、生产力和生产关系的演化规律，由此产生了生态经济体系。赫尔曼•E. 戴利认为生态经济为一种“稳态经济”，即通过稳态的人口数量，稳态的资本数量以维持人类较好生活的持续，同时物质—能量流通速率降到最低水平。这里的“稳态”可以理解为经济发展与生态演化的相对稳态。从稳态的视角来看，生态经济体系可以理解为保持“生态中性”经济增长的经济体系，即在不影响生态系统稳定性的前提下保持较高的经济增长水平，以满足人民日益增长的美好生活需要的经济体系。

生态经济一方面尊重生态系统的运行原理，将经济活动纳入自然生态环境的大背景中，倡导理性的经济行为，强调社会经济的发展不应以牺牲环境、破坏生态平衡为代价，并将这一原则应用于整个经济体系之中，使社会生产力系统的面貌焕然一新，推动节约、环保、清洁的产业发展模式，高效合理利用一切可用资源，使污染和浪费在经济体系内被自行消化，避免外溢造成生态系统的失衡，实现经济与生态的良性互动、和谐发展。另一方面，生态经济也遵循经济发展的基本规律，注重对效益的追求，在保证生态优先的同时，积极推进经济进步，在污染治理、生态保护、新能源开发的过程中，既不断改善了人们的物质生活和精神生活，又提升了社会经济利益。

城市生态经济体系是指城市在进行生产、分配、消费等社会经济活动时秉承有利于生态环境健康发展的观念，由社会经济活动各个环节、各个层面、各个领域的相互关系和内在联系构成的一个有机整体，主要包括以实现绿色发展目标的科技创新体系、现代化的生态产业体系、以实现生态价值为导向的市场体系、经济体制等。

2.3.2 生态经济体系与相关概念辨析

党的十九大提出建立健全绿色低碳循环发展经济体系。我国学术界对绿色经济、低碳经济、循环经济等也进行了广泛讨论。作为经济体系的组成，生态经济体系与绿色经济体系、低碳经济体系、循环经济体系之间既有联系也有区别。这四个经济体系都是基于自然资源禀赋不足，资源危机和环境问题凸显，生态环境、自然资源和经济社会发展之间的突出矛盾已严重束缚可持续发展这一背景提出的（表 2-1）。

表 2-1 生态经济体系与相关经济体系的比较

方面	生态经济体系	绿色经济体系	低碳经济体系	循环经济体系
提出背景	生态系统承载容量有限	环境污染和生态损坏	全球气候变暖、化石能源不可再生	环境资源约束
研究对象	生态系统和经济系统相结合的复合系统的结构、功能及其运动规律	经济发展与资源环境的相互作用规律及管理理论和方法	温室效应与人类社会发展之间的经济关系和经济规律	物质循环利用的多重闭环反馈式循环过程及其规律
核心问题	实现经济生态系统的进展演替，即可持续发展	经济增长与资源环境负荷脱钩，资源环境可持续成为生产力	通过温室气体排放空间的配置，实现高增长、低排放	按照生态规律利用自然资源和环境容量，实现经济活动的生态化转向
研究内容	建立经济生态系统的合理结构；经济平衡和生态平衡间的内在规律及关系	环境资源与社会制度、经济发展的关系	低碳经济与经济增长的内在机理和发展规律；低碳经济发展路线图	“资源—产品—再生资源”的循环流程；实现“减量化、再利用、再循环”

绿色经济同样以生态经济理论为基础，以实现生态和谐为目标。随着绿色科技的提法日益深入人心，绿色经济被更多地赋予了技术层面的含义，更加强调借助科学技术的更新来完成生产过程的绿色改造，在经济发展的同时，通过运用科技手段和转换产业模式，发展环境友好型产业，支撑社会可持续发展，系统地改善生态环境，提高生活质量，减少环境和生态损失。

低碳经济理念的根本和研究重点都围绕碳基能源对气候变暖的影响，它以碳生产力的水平为衡量指标，追求低能耗、低排放、低污染的经济发展目标，注重通过科学技术促进能源利用效率的提高和能源结构的优化，积极培育低碳生产模式，开发低碳产品市场，转变生产及消费模式。低碳产业、低碳技术、低碳生活、低碳社会等都属于低碳经济形态所涵盖的内容。相对于生态经济、绿色经济而言，低碳经济是一个子范畴，在可持续发展的道路上，低碳经济所推动的是以能源使用为出发点的变革。

循环经济理念从提出到不断发展都源于人们对生态经济的探寻和研究，它以产业生态学为理论基础，以实现生态经济发展模式为最终追求，循环经济与生态经济二者具有一致性和共通性。因此，学者们普遍认为循环经济在本质上是生态经济的一种，循环经济更强调经济发展过程的科学性，主要侧重于保证物质、资源、能源在经济活动中得到充分利用，推进生产方式向节约、清洁的方向全面转化，实现在生产与消费过程中的良性循环，营造零消耗、零污染、零浪费的无损经济环境。循环经济事实上是对传统生产和消费模式的一种变革，以循环为理念的经济生产方式，注重对污染的防治，从而把经济活动对自然环境的影响控制在尽可能小的范围。

总的来看，生态经济体系是在生态系统承载容量有限的前提下，研究解决生态系统和经济系统相结合的复合系统的运动规律，具有统领作用；绿色经济体系关注环境污染和生态损坏问题，研究经济增长与资源环境负荷脱钩；低碳经济体系旨在通过减少化石能源消费，研究温室效应对经济社会发展的影响；而循环经济体系是基于资源环境的约束，研究资源“减量化、再利用、再循环”

的问题。可以说，绿色经济、低碳经济、循环经济是生态经济体系重要的组成部分。

2.3.3 城市生态经济体系形成机制

（1）生态经济条件下的城市产业结构演化

在生态经济条件下，城市应具备良好的生态环境和稳定的社会环境，同时也要保证经济的健康和可持续发展。经济功能是城市的主要功能之一，而且人们的各种需求是建立在一定的经济基础上的。经济发展的目的是使人们的生活更加美好，而经济发展依托于众多产业的发展，不同的经济发展方式、产业发展状况会给城市社会生态环境带来不同的影响。如果一个城市的经济增长是通过对资源的掠夺性开发而获取的，这对城市生态环境的破坏可能是巨大的；城市的产业结构不协调，也会给城市居民的生活带来不便。因此，合理的生态化产业体系是城市生态经济体系构建的重要前提。

产业的生态化发展可以更好地推动城市的成长与演化，也有利于促进城市化过程的推进，城市产业生态化的进程如下所述：首先，产业生态化得益于微观层次的清洁生产、绿色科技运用和生产线改良等，体现为企业层面的资源循环利用、能耗降低和污染减排；其次，产业生态化发展到中观层次，城市成为其表现的舞台，推动了第一、二、三次产业互动发展；另外，产业结构的生态化变革使得城市中的动脉产业与静脉产业在基础产业的辅助下实现了彼此协调，产业循环以城市为载体得以充分发挥作用，城市生态经济系统内部实现自然资源、能源的最大利用，废物的排放，以及环境污染被尽可能地降到最低程度；最后，这种产业生态化的趋势会影响并扩展到宏观层级，实现以区域为载体的大循环体系，生态化与区域化的进程齐头并进，彼此影响，相辅相成，城市生态经济系统的开放性特征逐渐显现，发挥巨大的外部效应，同时产业链的纵向延伸、横向拓展也逐步扩大到区域范畴，物质、能量、信息、价值等的交互流动由城市内部向城市之间转化，产业开始了区域范围内更大规模的循环运转。

总之，在城市生态经济体系的构建过程中，推进产业结构的升级与改良，首先要充分考虑产业发展对城市生态环境施加的压力，分析生态环境的承载能力与优化需求，在进行城市产业选择时将重点放在环境友好型产业上，可能以提高城市的资源和能源利用效率作为产业调整和主导产业确立的决策核心；其次，对于城市中的传统产业和不可或缺的经济支撑产业等，应加快绿色科技的推广，敦促产业链完成生态化转变，依托产品和废物的代谢关系，梳理产品链和废物链间的共生、伴生或寄生关系，发挥产业集聚和生态共生效应，进行产业链的生态循环和层级利用设计，有计划地推进关联产业的配套发展，完善和整合城市整体的产业体系；此外，要发挥动静结合、功能互补的协同优势，并依靠基础产业的配套辅助能力，来实现以“原料—产品—废物”为特征的“动脉产业”与以“废物—再生—产品”为特征的“静脉产业”的高效对接，提高资源循环利用和无害化处理效率，解决城市产业发展的资源“瓶颈”问题。

（2）生态经济条件下的城市空间布局演化

产业集聚和城市发展存在良性的互动关系，产业的发展和集聚是城市群形成和发展的物质基础，产业空间组织形式的变化与城市空间的演变有着深层次的互动影响。在环境的影响下，城市内企业和居民的集聚行为会受到影响，进而使城市的空间布局模式发生变化。而且，这种产业与居住分布的空间格局演化也不会局限于单一地区，而是会牵连周边的可达区域范围，从中心到边缘，从城市到乡村，从单一城市到多个城市，形成人口与产业流动和循环，最终在更广阔的空间范畴内，实现企业的利益与居民效用享受的均衡，也可以达到环境与经济的“双赢”。

（3）生态经济条件下的城市管理制度创新

在城市演变历程中，人们对生态安全、环境保护的认识是在经济发展的过程中逐步加深的。在生态文明时代，生态环境意识对城市行政和法律制度的确立已产生了越来越深刻的影响，城市的经济发展策略也在向生态化、可持续发展的方向改善，生态经济思想对于管理城市的经济、社会和环境发展起到重要的指导作用。一直以来，支撑城市发展的行政政策、法律法规和经济战略大都偏向以经济目标为中心，在传统的对城市发展的衡量和核算中，对经济产值及其增长速度的重视程度也远高于与此相对应的资源、能源和环境成本。因此，为保障城市顺利走上生态经济的发展道路，自然也需要对城市的管理体制作出相应的调整与配合。对城市生态环境管理制度的变革不仅要依靠政府的指导，更要形成政府、企业和公民多主体共同合作、互相监督、彼此制约和促进的全方位管理体制，使构建生态经济体系转化为全社会的责任。

此外，城市生态经济体系中的城市管理制度创新的另一个重要方向是由单一城市管理的模式向区域联动管理模式转变。在城市化发展的进程中，各城市的产业结构调整、生产力布局变化都会引起产业迁移，并导致生态环境压力的转移、扩散和资源的空间流动，使得生态环境发展水平在区域层面上，在不同产业间、在不同社会群体之中，以及在城市与乡村之间都表现出不平衡的态势，区域内的经济发达城市与不发达城市在生态环境损失转嫁、资源能源占有与使用方面都存在一定的矛盾和利益冲突，需要统筹管理，统一协调，从区域整体角度确定发展思路和战略模式，实现资源配置的公平，生态环境效益的共享，以及环境污染、生态破坏等相应治理成本的均摊。

总之，在生态经济体系构建中，城市管理制度创新的落脚点是将城市发展战略的重点由经济增长向经济、社会、环境和谐共进、永续发展转变，制度、法律、法规的形成和政策制定都要围绕这一基本点进行相应的调整和创新。

2.3.4 城市生态经济体系的主要特征

城市生态经济体系不是在原有体系基础上单纯依赖提高效率并保留体系结构的模式，而是从网络化、整体化和生态集聚化的视角对体系进行整体改造。从体系内部的组织方式来看，实行生态化改造，并根据地区实情与基础对新兴产业实行“清洁化、绿色化”升级，实现农业、工业与服务业生态融合发展转型。从创新角度来看，在技术、模式、组织、管理、制度等不同领域开展多种形式、类型的创新发展和创新环节的培育营造，构建并完善创新生态体系，以保障产业投入—产出全过程的高效率。同时，在空间上强调对土地等稀缺资源的集约利用，对生产、生活和生态空间进行功能划分。因此，城市生态经济体系突破了产业局限，将人与自然和谐共生的理念体现在不同层面，具有全产业、全空间、全领域、全过程、全要素等特点。

（1）创新、融合的全产业

城市生态经济体系强调多个产业空间链、不同产业链在渠道、营销、管理等多个环节上的纵横发展的网状一体化。在消费者追求美好生活需求，特别是消费个性化、集成化、便利化的趋势背景下，技术革命、生产方式变革作为产业体系变化的重要影响因素导致产业之间的边界消失，互联网信息技术导致的虚拟与现实相互连接、智能生产与服务的结合推动生产、生活组织方式发生了重大转变。这种产业融合包括多种形式：一是通过高新技术渗透形成新产业，如云计算—大数据—人工智能、机器人—无人机—智能硬件、新能源—新材料—绿色经济等以技术推动的高新产业迅速崛起，不断催生新应用和新业务，推动产业创新融合发展；二是通过产业互补形成新产业，如消费者开始寻求更为均衡的生活方式，注重健康、家庭和体验，愿意增加提升生活品质及体验的开支，第一、二、三产融合发展，形成康养旅游、农庄旅游等；三是通过产业提升形成新产业，如生态农业等。通过“网络产业链”发展模式整合成一个整体性资源平台，将上下游延伸链条做成产业链网，以及在附加值高的节点进行核心深化，形成立体化资源配置结构。

（2）绿色、文明的全空间

城市生态经济体系所涉及的空间范围包括生产空间、生活空间和生态空间。集约高效的生产空间，强调按照绿色低碳循环的原则，推动产业向高端化、绿色化、智能化、融合化迈进，做实向“金山银山”转化的产业优势。宜居适度的生活空间，是人们吃穿住用行以及日常交往的空间存在形式，生产空间、生态空间最终都是为生活空间服务，强调通过树立生态文明理念，倡导文明、节约、绿色、低碳消费理念，推动形成绿色生活方式和消费模式。人与自然共生的生态空间，界定了人类活动的地形地貌、活动区域、地理位置等场域内容，强调通过构建绿色生态体系，划定生态保护红线，深入实施“山水林田湖草沙”一体化生态保护和修复，筑牢人与自然之生命共同体的自然本底。

（3）协同、竞争的全领域

城市生态经济体系子系统是由各种要素间错综复杂的相互作用和相互制约形成的，不同区域的子系统具有不同的特征，其分布组合具有明显的区域性，显现出明显的地域性差异。通过区域协同，众多系统按一定的规则进行交易，降低管理成本。另外，良性竞争使体系内系统保持足够的动力和灵敏性，区域间的差异性为协同发展创造了基础。现代化的城市生态经济体系要求加快区域共享，在现阶段需要统筹东中西部地区、发达与欠发达地区、城市与乡村、流域上中下游区域，加快推进区域间协同互动发展。

（4）开放、互惠的全过程

以生命共同体为切入点，城市生态经济体系中多个子系统具有内在共生性，不同子系统之间既有明确的专业化分工，又有很强的互补性和互惠性。在现阶段要求每一代人在发展经济和治理生态环境时，既要考虑当代人的眼前利益，又要着眼于子孙后代的长远利益，要把眼前利益和长远利益结合起来，统筹兼顾。从城市生态经济体系的内在要求来看，需要建立反映市场供求和资源稀缺程度、体现生态价值和代际补偿的资源有偿使用制度与生态补偿制度，落实使用资源付费和“谁污染环境、谁破坏生态谁付费”的制度，为子孙后代留下一个良好的生存发展环境，实现可持续发展。

（5）共享、关联的全要素

人类生存的自然系统是社会、经济和自然的复合系统，是普遍联系的统一有机整体。城市生态经济体系包括人类以及与之密切相关的“山水林田湖草沙”等多种要素，共同构成相互联系、相互制约的整体，它要求组成该系统的经济系统和生态系统中的各要素具有完备性和关联性。众多的“山水林田湖草沙”子系统因与人类活动的密切关系，形成内在的关联而聚集在一起，任何一个子系统的变化将会导致其他子系统的变化，或者对其他子系统产生影响；各子系统中的要素之间相关性极高，一个要素的变化将通过系统内的物质、能量和信息流的方式相互影响。多个子系统之间共享区域空间内的基础设施、技术和价格信息，使公共物品利用更充分，产生更大的乘数效应，推动实现生产、交换、分配、消费全方位生态化。

2.4 生态环境与城市生态经济系统耦合关系

随着城市化进程的加快，生态环境与城市生态经济的矛盾不断深化，研究其耦合机理对于优化两者的关系具有重要的指导意义。以水资源环境与城市生态经济系统耦合为例，常玉苗利用系统分析方法建立由水资源、城市生态经济、水环境治理等方面组成的耦合度评价指标体系，通过耦合协调度模型对长江经济带 11 个省（市）的水资源环境与城市生态经济的耦合度进行评价，计算水资源子系统、城市生态经济子系统、水环境治理子系统的综合评估值，得到 11 个省（市）水资源环境与城市生态经济系统间的平衡关系，然后利用耦合协调度模型计算 11 个省（市）的耦合协调结果。

常玉苗在当前水资源环境与城市生态经济协调发展相关研究的基础上，坚持客观性、简要可操作性等原则，从水资源系统、城市生态经济系统、水环境治理系统 3 个方面进行选择，参考《中国环境统计年鉴 2016》和《中国城市统计年鉴 2016》等建立耦合度评价指标体系（表 2-2）。

根据上述指标体系，利用熵值法确定权重，采用耦合度模型，计算得出水资源与城市生态经济的关系及水环境治理与城市生态经济的关系。

表 2-2　水资源环境与城市生态经济耦合度评价指标体系

评价目标	系统模块	具体指标	单位	符号
水资源环境与城市生态经济耦合度评价	城市水资源系统 A	水资源总量	$10^8 m^3$	a1
		地表水量	$10^8 m^3$	a2
		地下水量	$10^8 m^3$	a3
		降水量	$10^8 m^3$	a4
		人均日生活用水量	L	a5
		节约用水量	$10^4 m^3$	a6
	城市生态经济系统 B	城镇年人口平均数	万人	b1
		固定资产投资额	亿元	b2
		年末金融机构存款额	亿元	b3
		公共财政支出	亿元	b4
		绿化面积	hm^2	b5
	城市水环境治理系统 C	城镇生活污水排放量	$10^4 t$	c1
		城镇生活污水化学需氧量排放量	$10^4 t$	c2
		城镇生活污水氨氮排放量	$10^4 t$	c3
		城市污水处理总能力	$10^4 m^3$	c4
		城镇污水处理投资	亿元	c5

3 国内外研究进展

3.1 国外生态经济发展研究：日本案例

随着世界经济不断发展，环境问题日益突出，各国为解决环境问题，纷纷开始建立绿色经济体制。其中发达国家提早进入绿色经济改革，拥有较丰富的经验和技术，主要包括发展绿色新政、健全绿色法律制度、提出未来规划以及发展绿色能源与技术等。其中，美国和欧盟建立了以应对气候变化和向低碳经济转型为主的绿色经济体制。日本在节省能源和污染物排放方面进行了大量的科技创新，不仅体现在制定法律方面，而且使“绿色”观念深入人心。本章重点以日本为例，分析日本生态经济的实现路径与模式，为我国生态经济发展提供借鉴。

3.1.1 日本生态经济建设历程

自20世纪50年代开始，日本依赖重工业的发展进入了经济高速发展的时期。然而在经济高速发展的同时，日本的生态环境被严重破坏，日本政府及人民为此付出了高昂的代价。这一时期日本的重金属污染、水污染、大气污染极其严重，日本也一度被称为“公害大国”。例如，1953 年日本水俣湾的水俣病事件是由工业废水污染而产生，受害者高达 1 万人；1955 年神通川沿岸的骨痛病事件，是由镉元素造成的污染，患者痛不欲生。因此，日本政府开始重新审视经济发展与环境保护的关系，意识到必须转变现有生产方式，探索新的发展模式以便经济发展与环境保护相协调。

首先，日本颁布和发布了一系列的法律法规及实施计划：

1967 年，日本制定了《公害对策基本法》，明确了防止公害的原则。

1968 年制定了《大气污染防治法》和《噪音规制法》等专项法，开始推行公害行政管理制度。

1972 年，日本政府颁布了《自然环境保全法》。

1974 年，日本政府推出了“阳光计划”以及后来推出的“新阳光计划”，旨在开发和利用太阳能、地热能、氢能等资源来取代石油资源，同时也包括风能、海洋能和生物质能的转换和利用，从而让清洁能源成为主导。

1993 年，日本制定了《环保基本法》，弥补了此前制定的《公害对策基本法》和《自然环境保全法》的不足。《环保基本法》确定了保护环境的基本理念，明确了国家、地方公共团体、事业者、国民的义务，确定了环境设施的基本事项。

2006 年，日本经济产业省制定了《新国家能源战略》，旨在运用法律手段和实施节能减排措施来实现能源结构改革。

2007 年，日本发布《日本低碳社会情境：2050 年的二氧化碳排放在 1990 年水平上减少 70%的可行性研究》，要求在 2050 年将日本二氧化碳排放量在 1990 年基础上减少 70%。

2008 年，日本环境省发布了《面向低碳社会的 12 大行动》，为 2050 年减排 70%的目标提出了具体的行动时间与方案，为日本实现绿色社会提出了具体目标和方法；同年，日本内阁提出“发展绿色经济的行动计划”，提出了绿色经济发展的具体计划和所要做的相应措施。

2009 年，日本提出《绿色经济与社会变革》政策草案，通过一系列政策（包括消费、投资、技术资本等领域），推动日本经济的绿色低碳发展。

2010 年，日本参议院通过了《绿色投资促进法案》。

2016年，日本政府发布了《能源环境技术创新战略2050》，要求要兼顾日本经济发展与全球气候问题，实现到2050年全球温室气体排放减半和构建新能源体系的目标，这一战略明确提出了日本要重点推进能源系统集成、节能、储能、可再生能源发电以及碳固定与利用五大技术创新领域。

日本政府前后出台了多部环保法律，内容涵盖基本法、综合法和专项法，形成了较为完善的环境保护法律体系，为生态经济协调发展提供了强有力的法律保障。日本还出台了多个行动计划，涵盖节能减排、保护生态、实现绿色发展等方面，这些行动计划为实现生态环境和经济社会协调发展指明了方向，提供了具体的实施细则。

其次，日本政府大力推广循环经济，重视生态农业发展，推进传统旅游向生态旅游转变。在推广循环经济过程中，形成了完备的循环经济法律体系，同时制定了相应的经济对策与法律法规配套实施，构建了完整的静脉产业体系以及加强了对废弃物再生处理技术的研究，从法律、政策、产业和技术4个层面构建起完善的循环经济发展体系。在重视生态农业发展过程中，加强对生态农产品和生态农户的认证和补贴，逐步将传统农业过渡为生态农业，实现农民收入提升和农业土地环境保护的“双赢”。在推进生态旅游发展的过程中，逐步摒弃了之前传统旅游中超过环境承载力以及对环境造成破坏的模式，强化旅游人群的环境保护意识，强调在享受景色放松身心的同时不破坏生态环境，实现对环境友好的生态旅游新模式。

最后，日本政府以静脉产业为基础构建生态工业园区，实现了政府主导、学术支持、民众参与、企业化运作，产、学、官、民紧密协作，共同实施的生态工业园区体系。日本政府还从绿色交通、绿色建筑和绿色消费等领域积极开展城市绿色转型建设，制定相关政策促进全社会向绿色社会迈进。在日本探索经济与环境协调发展的道路上，涌现出不少典型模式，如“北九州模式”“宇都模式”“全社会多主体共同参与模式”等，为其他国家和地区发展生态经济起到了一定借鉴作用。

一系列措施的制定及实施强有力地支持了日本生态经济的发展，目前，日本已经形成了较为完善的生态经济发展模式及发展体系。

3.1.2 日本生态经济实现路径

（1）坚定加强环境立法

日本政府认为，建立以环境资源为主的生态文明必须依赖政府、社团、企业和社会公众的共同参与，只有这样才能确保生态社会的可持续发展。日本政府在推动环境保护工作的同时，以政府执行部门为先导，着力建立完善的环保法律体系，强调生态环境的保护治理要做到有法可依、有令可行。日本政府从环境省到地方都制定完善了各类环境保护的法律法规，并在多部法律中作出了明确规定。为推进低碳循环经济建设，政府颁布了《循环型社会形成推进基本法》《容器包装再生利用法》《汽车再生利用法》《家电再生利用法》《促进容器与包装分类回收法》等一系列法律法规，形成了循环经济的立法体系。地方也都相应制定了一系列的环保激励支持措施，使循环经济与社会民众意识的整体思维同步，使循环经济的发展更加具有可操作性。日本政府用环保立法的形式为经济发展提供了方向保障，最终通过以集约与环保为主题的发展思路与民众的环境理念并驾齐驱配合的方式，来推动循环经济的发展。例如，北九州市规定每周必须使用政府规定的垃圾袋回收一次瓶罐之类的垃圾，如此清晰翔实的安排使政府的精细化管理将法律和配套办法得到确切执行，便于民众理解和参与。

在建立完善法治体系的过程中，政府的生态问责制也随之应运而生。1972 年日本政府成立了由首相府直接管理的公害等调整委员会，该机构对环境问题拥有独立的调解、仲裁、判决等执法权，能够对各种环境行为进行问责，可以快速公正地解决环境纠纷，实现公共利益的最大化，在防治公害建立生态文明的过程中促使政府承担起更加明确的职责，从而有效约束政府的环境失范行为。

（2）坚持走绿色发展之路

2008 年，日本政府提出“发展绿色经济的行动计划”，提出发展绿色经济的目标、计划和实施措施；2009 年，日本政府公布了《绿色经济与社会变革》，提出通过能源与环境政策推动绿色发展；2010 年，日本参议院通过了《绿色投资促进法案》，该法案规定政府对于从事能源环境开发与制造的企业提供筹资支持，引导资本向绿色产业倾斜，加快绿色经济发展。

日本政府从绿色交通、绿色建筑和绿色消费等领域积极开展城市绿色转型建设。在绿色交通方面，日本政府大力支持新能源汽车技术的研发，推动电动汽车、氢燃料汽车等新能源汽车的使用，开展生物柴油的应用研究，如日本东京于 2007 年将生物柴油引入市区范围内的公共汽车系统，2009 年日本对《环境保护条例》进行了修订，要求汽车拥有量超过 200 辆的公司，到 2016 年拥有低污染、低能耗汽车占比达到 5%及以上。在绿色建筑方面，日本注重挖掘建筑的节能潜力。日本建筑能耗占全社会能耗的 30%左右，其中东京的建筑能耗占比高达 60%。为此，日本政府于 2012 年颁布了《促进城市低碳化相关法律》，在该法律的框架下，启动了低碳建筑物认证制度。此外，日本公共建筑普遍使用节能效率高的节能设备，采用废热能源综合利用系统，对节能系统进行调控。东京都政府要求面积超过 10 000 m^2 的建筑，应提交环境报告。在绿色消费方面，日本政府在 2009 年提出“环保积分制度”，鼓励本国公民在消费时选择节能环保产品，并给予一定的消费补偿。

近年来，日本将重点放在新能源和环境技术开发创新上，希望通过占领未来经济发展制高点来推动经济转型，在日本政府的统筹规划下，日本的绿色经济发展全面推进。

（3）推广和发展循环经济

日本在处理资源环境与经济发展关系的历史进程中，为解决生活和工业废弃物问题而开展了循环型社会的建设，改变了传统的“大量生产、大量消费、大量废弃”的社会经济发展模式。

首先，日本通过完善相关法律法规，为推进循环经济提供法律保障。日本促进循环型社会发展的法律法规体系包括 3 个层次：第一层次是一部基本法，即《建立循环型社会基本法》，该法在日本循环经济法律体系中具有“宪法性”的作用，也可称为“基本框架法”。第二层次是《废弃物处理法》和《资源有效利用促进法》两部综合性、指导性法律。这两部法律主要指明废弃物如何正确处置及资源有效利用的原则，也可称为“一般框架法”。第三层次是根据各种产品的性质制定的《容器包装回收再利用法》《家用电器回收再利用法》《建材回收再利用法》《食品回收再利用法》《汽车回收再利用法》5 部专项法规。此外，为配合这 5 部专项法规，同时还制定了一部《绿色采购法》。完善的法律体系从宏观政策层面规定了未来日本国民经济和社会管理的发展方向，成为日本构建循环经济和循环型社会的有力保证。

其次，日本政府制定相应的经济政策，为推进循环经济提供政策保障。

①制定生态工业园区补助金制度，这项制度由环境省和经产省执行。环境省主要资助生态工业园区的软硬件设施建设、科学研究和技术开发；经产省主要资助硬件设施建设、与“3R”相关技术的研发及生态产品的研发等；个别设施项目由两省共同承担。

②制定促进循环经济的税收、金融优惠政策。对废旧塑料制品类再生处理设备在使用年限内，除了普遍退税，还按设备价格的 14%进行特别退税；对废纸脱墨、玻璃碎片杂物去除、空瓶洗净、铝再生制造等设备实行 3 年的退还固定资产税；对公害防治设施可减免固定资产税，根据设施的差异，减免税率分别为原税金的 40%～70%。

③实行废旧物资商品化收费制度。在个别物品回收再利用法中，规定了废弃者应当支付旧家电、旧容器包装、旧汽车的回收和处理等有关费用。如《家用电器回收再利用法》中明确规定了居民废弃 1 台家电应交的处理费，《汽车回收再利用法》中要求汽车所有者负担处理费等；此外，还实行资源回收团体奖励金制度，对由团体回收的一般废弃物发给相应的奖励金。

同时，日本构建静脉产业，为推进循环经济提供产业保障。静脉产业是日本建立循环型社会的重点领域和切入点，是日本生态工业园的主要表现形式。日本的23个生态工业园都以废弃物再生利用为主，入园的静脉企业有40多个，回收利用的废弃物多达几十种（如PET瓶、废木材、废塑料、废旧家电、旧办公设备、报废汽车、旧荧光灯管、废旧纸张、废轮胎和橡胶、建筑废物、泡沫聚苯乙烯等）。日本静脉产业的运行主要依靠其废弃物回收体系：一是依法回收；二是靠地方政府组建分类回收体系；三是采取适当的经济激励制度。在日本正是由于形成了比较完善的废弃物回收体系，才能保证各类废弃物处理企业原材料的供应，从而使废弃物处理步入良性循环。

最后，日本加强开发废弃物再生处理技术，为推进循环经济提供技术保障。日本开发废弃物再生处理技术的主要措施是在生态工业园区内开辟专门的实验研究区域，“产、学、官”共同研究废弃物处理技术、再利用技术和环境污染控制技术，为企业开展废弃物再生、循环利用提供技术支持。这些研究项目大多得到了国家和地方政府的资金支持。在预算方面，为支持中小企业环保技术的研发，政府补助技术开发费比例最高可达50%。对于将循环经济“3R”技术实用化、技术开发期在2年以内的新产业，政府补助资金比例最高可达费用的2/3。

较为完善的法律法规、不断适应新形势而变化的相应政策、强大的静脉产业体系以及废弃物再生处理技术，日本从法律、政策、产业和政策4个方向构建了循环经济发展的新模式。

（4）构建以静脉产业为基础的生态工业园

在国内资源贫乏、环境问题日益突出、国际油价暴涨的内外环境之下，20世纪80—90年代日本政府开始反思经济发展模式，提出了发展静脉产业的战略构想。他们首先从解决工业化时代和消费型社会结构引起的大量废弃物入手，加强了对废弃物的管理和循环利用，着力改变传统的社会经济发展模式。到20世纪末，日本的静脉产业已初具规模，政府提出的建立循环经济社会的战略构想已经深入人心。在日本国内形成了国民积极参与、企业主动投资、政府周密规划静脉产业发展的良好局面，在政府的推动下，企业开始主动发展静脉产业，以静脉产业为主线的废弃物再生利用生态工业园如雨后春笋般不断出现。

日本生态工业园发展的特点主要表现在以下几个方面；

①静脉产业是生态工业园区的主体，这是日本生态工业园区最显著的特点。生态工业园区都以废弃物再生利用为主要内容，相关设施有40多个，所回收、循环利用的废弃物多达几十种。这些废弃物包括量大面广的一般废弃物和产业废弃物（如PET瓶、废木材、废塑料、废旧家电、旧办公设备、报废汽车、旧荧光灯管、废旧纸张、废轮胎和橡胶、建筑废物和泡沫聚苯乙烯等）。

②生态工业园区的建设以法律法规为支撑，这是日本生态工业园区最大的特点。生态工业园区内利用的废弃物大部分属于个别再生法规定的范围，正是由于有了相关法律的支持，日本生态工业园区的废弃物再生利用产业才能够有序规范地发展。例如，一般废弃物中的废弃家电、废旧汽车、废容器等分别被《家用电器回收再利用法》《汽车回收再利用法》《容器包装回收再利用法》所覆盖。

③政府主导、学术支持、民众参与、企业化运作，“产、学、官、民”紧密协作，共同实施。在工业园区内开辟专门的试验研究区域，产、学、政府部门共同研究废弃物处理技术、再利用技术和环境污染物质合理控制技术，为企业开展废弃物再生、循环利用提供技术支持。同时，还广泛开展公众参与，生态工业园除了进行常规的产业活动，还举办以市民为主的环境学习活动，举办与环境相关的讲座，接待考察团，支持试验研究活动、园区环境综合管理，展示环境、再生使用技术和再生产品等活动。

经过数十年的发展，日本已逐渐构建起完备的生态工业园区体系，以静脉产业体系为基础的生态工业园区在保护环境、经济发展等方面发挥着重要作用，实现了经济发展与生态环境保护的“双赢”。

（5）大力发展生态旅游

第二次世界大战以后的日本旅游业经历了一个漫长的发展过程，随着日本国内高速公路、新干线等的修建完成，不仅带动了经济的发展，而且也方便了日本国民的出行。直至20世纪80年代，日本进入泡沫经济时代，旅游业才有了迅猛发展。但是，随着国内外游客数量的快速增加，许多景区超过了自身的环境承载力，造成了一定程度的生态破坏和环境污染。自此，日本开始探索生态旅游发展新路。

1992 年，日本加入《世界遗产公约》，生态旅游作为一种环境友好型新模式在各旅游区得到了初步的发展。

1998 年 3 月，日本生态旅游协会成立。它既是一个社团法人，也是实现政府对行业进行间接管理的桥梁。日本生态旅游协会拥有制定生态旅游相关准则和制度的权利，既维护相关企业的利益，又解决行业内部矛盾，从而确保生态旅游行业的规范和发展。此外，日本生态旅游协会还与环境省合作，对生态旅游活动进行认证和评估。

2003 年 11 月，日本环境省主持召开首次生态旅游推进会，并通过了 5 项推进生态旅游发展的措施：制定生态旅游宪章、发展生态旅游信息化建设、定期举行生态旅游景区评选活动、发布生态旅游指导手册、建立生态旅游示范区，标志着日本中央政府开始主导生态旅游业发展。

2004 年 3 月和 6 月，日本环境省又连续召开两次生态旅游推进会，进一步明确生态旅游发展对策及在生态旅游发展过程中，政府、旅游从业者以及旅游地居民之间的相互关系和协调问题。

2007 年颁布《生态旅游推进法》，明确政府每年从财政中拨出专项经费用于推进生态旅游发展。

2008 年制定《生态旅游推进基本方针》，明确生态旅游发展对环境保护和自然可持续发展的积极效果和重要意义，并对生态旅游发展的策略、重点和方向作了详细说明。

截至目前，日本的 13 个生态旅游示范区能够分别满足不同旅游出行人群的需要，已经形成了较为完善的生态旅游发展新模式，实现了旅游和生态保护的协调发展。

（6）重视生态农业建设

日本人多地狭，农业资源并不丰富。随着人口数量的增加，化肥和农药在农业生产中得到了广泛的应用，促进了农业产量的提高，同时也导致农产品的农药残留和农业环境的污染，而且农业污染的形势变得越来越严峻。在此情况下，民众开始强烈关注食品安全和环境保护问题，民众对自身健康和环保问题的关注促使日本逐渐转变农业生产方式，进入生态农业发展道路。

首先，日本建立了全国和各地区农业循环经济的发展方向和目标。为了发展农业循环经济，日本中央政府制定了全国性的农业循环经济发展方向和目标，如颁布了《建立循环型社会基本法》《循环型社会形成推进基本计划》《与环境调和的农业生产活动规范》等在内的多部与农业循环经济相关的配套规范，规定了全国性农业循环经济的发展蓝图；各级地方政府也积极制定本地区的农业循环经济发展方向和目标，以此作为发展农业循环经济的指引。

其次，日本营造有利于农业循环经济发展的法治环境。农业循环经济的发展，离不开良好的外部法治环境，为此，日本制定和通过了一系列与农业循环经济相关的法律文件，包括《农业用地土壤污染防治法》《食品、农业、农村基本法》《农林物资规格化和质量表示标准法》《资源有效利用促进法》《家畜排泄物法》《可持续农业法》等法律规范，使农业循环经济的发展有法可依，并且强化执法，使相关法律得到有效执行，为整个国家农业循环经济和循环型社会建设创造了良好的法治环境。

最后，日本还加强生态农产品和生态农户认证，发展品牌农业。生态农业环境下的农产品，品质好，安全性高，符合市场追求高品质健康消费的需求，但是农产品是一种信任品，肉眼难以辨别其安全质量。因此，为了在市场中与一般农产品相区别，农林水产省专门委托国内外的代理机构负责生态农产品的认证，通过认证的农产品可以张贴“JAS”字样和图案，使之可以与一般农产品有效区分，成为有机农产品的标志，从而获得了较高的市场价值，同时也获得了较好的品牌效应，成为品牌农产品。与此同时，根据《可持续农业法》所提倡的“高持续性农业生产方式”，日本在各都道府县推行了“生态农户”资格认定制度。生态农户认定标准为：拥有 0.3 km^2 以上的耕地、年收入 50 万日元以上的农户，经本人申请，并附环境保全型农业生产实施方案，报农林水产县行政主管部门审查后，再报农林水产省审定，将合格的申请者确定为生态农户。

3.1.3 日本的生态经济模式

（1）全民族多主体共同参与模式

日本自然资源贫乏，经济发展所需的资源与能源均需依靠进口。第二次世界大战结束后，日本对生态环境与经济发展进行重新定位。为节约能源，减少经济发展对环境造成的负面影响，日本政府加强对全民的环保教育，逐渐形成全社会多主体共同参与模式。

在该模式下，政府通过各种宣传把自然资源匮乏的忧患意识植入国民的思想意识，让全国的民众都要遵循生态文明下的能源经济节约发展的模式，将生态环境保护与经济和谐发展的理念落实到具体行动中。

同时，该模式还提倡各阶层要多主体全方位协同维护好生态环境，各阶层要配合政府和学校做好环境保护宣传教育工作，使每个个体都能重视和开展环境保护，即通过家庭和学校教育、发放各种环保宣传手册、实施公众监督等细微化方式让每个家庭和公民都逐步掌握垃圾分类方法与资源循环利用的知识和细小环节。

此外，该模式还要求各团体协会、政府组织都要时刻在细节上将生态环境的资源节约知识对民众普及到位。例如，日本文部科学省明确规定，在幼儿时期就要开展环境保护宣传教育活动，将环保教育纳入从幼儿园到中小学的各个教学课程中，并安排老师对具体的行为进行引导。日本家庭教育孩子用餐时要吃光，外出时要把垃圾装进自己的提兜带回家进行分项分类处理，使垃圾分类成为日常习惯并得以延续。

在该模式的广泛推广下，日本逐渐形成了“政府主导、企业主体、全民参与、覆盖社会”的环保网络，全民环保的理念已经深在国民心中。

（2）静脉产业循环模式

日本的静脉产业自20世纪末发展至今，已经形成了一个建立在“减量化、再利用、资源化”三项原则基础上的循环经济系统。从发展模式上看，这一系统又可以分为以企业为主导的小循环、以生态园为主体的中循环和以构建循环型社会为最终目标的大循环3个层面的循环体系。

①企业层面的小循环模式。企业层面的小循环模式通过企业内部的循环，根据生态效率的理念推行清洁生产，减少产品和服务中物料和能源的消耗量，一方面降低污染物的排放；另一方面提高资源的回收和循环使用率，变有毒、有害废弃物为循环利用的可再生资源和可替代资源。最终构建企业生产经营“资源（消耗）—产品（生产和利用）—资源（再生）”的双向反馈式封闭循环流程。在此模式下，日本企业主动承担了构建循环型经济体系和生产体系的责任，以实现绿色生产、清洁生产为己任，实现了从“1R”到“3R”的转换，在向市场提供环保型产品和服务的同时，企业不断加大对环保技术的研发投入，开发废弃物处理和再利用技术，在技术和经济层面最大限度地采取有效对策并付诸行动。

②区域层面的中循环模式。区域层面的中循环模式是以生态工业园区为代表的一种循环经济模式，它的特点在于把生产不同产品的工厂或部门按照工业生态学的原理联结起来，在企业之间构建一个物质循环链，使得一个工厂或一个部门产生的废气、废热、废水成为另一个工厂或是部门的原料或能源。日本政府意识到建设和发展生态工业园是节约资源、保护环境的有效途径，也是推动资源节约型、环境友好型社会建设的重要举措。1997年就开始规划和建设生态工业园，并把它作为建设循环型社会的重要举措。截至2007年，日本已有26个以静脉产业为主的生态工业园，这些生态工业园已成为日本政府推行静脉产业发展战略的重要支柱，同时又为当地循环经济的发展起着示范和带动作用。

③社会层面的大循环模式。大循环模式是循环经济在社会层面上的体现，是指在整个经济社会领域，通过工业与农业、城市与农村的资源循环利用，不排放或少排放废弃物，最终建立循环型社会的实践模式。它以污染预防为出发点，以

物质循环流动为特征，以社会、经济、环境可持续发展为最终目标，最大限度地高效利用资源和能源，以减少污染排放物。近年来，日本政府在推进静脉产业发展，构建循环型社会发展方面做了大量卓有成效的工作：一是构筑的多层次法律体系，做到有法可依；二是鼓励企业开发高新技术，从生产源头起考虑资源再利用问题；三是倡导国民从根本上转变观念，严格分类回收垃圾，变废为宝。

（3）“宇都模式”

宇都是位于日本熊本县中部的一座工业城市，该市重点发展煤炭产业，但随着经济社会的发展，煤炭污染成了很大的公害，严重影响市民的身体健康和城市环境。针对这种状况，宇都市政府从 1949 年起便开始污染治理工作，市议会设置了“宇都市降煤对策委员会”，开始对各工厂消耗的煤炭质量、数量、锅炉种类、除尘装置有无污染现状进行调查。与此同时，在宇都市内 10 处设立测定煤炭沉降量，并及时将污染和危害情况公之于众。1951 年，在全国率先设立了以条例为基础，由“产、官、学、民”组成的“宇都市煤尘对策委员会”。在相互信赖、相互协调、相互协商精神的指导下，全体市民一致行动，积极着手制定实施被称为“宇都模式”的污染防治对策，并取得了非常好的效果。此后，“宇都模式”在日本全面推广。1997 年，“宇都模式”受到国际社会的高度评价，被联合国环境规划署授予“全球 500 佳环境奖”。

（4）“北九州模式”

北九州市位于日本列岛西端，人口约 100 万人，面积约为 487 km^2，是九州岛最大的港口城市，是以钢铁、金属、陶瓷等原材料型产业为中心的重要产业据点，也是日本四大工业区之一，为日本的现代化发挥了巨大的作用。自 20 世纪 50 年代末以来，随着重工业的飞速发展和经济的腾飞，北九州市的环境迅速恶化。大气污染、水污染、噪声污染等一系列环境问题日益成了整个社会的公害，尤其是 1968 年“火鸡事件”的爆发更是震惊了世界。痛定思痛，在社会各个阶层的推动和努力下，北九州市的环境得以迅速恢复，经济结构也得以成功转型，终于从“灰色城市”变成了著名的“生态城市”。

①完善的法律法规体系。鉴于环境问题的严重性，1971 年北九州市先于中央政府成立了地方环保局，并制定了比国家规定更为严格的《北九州市公害防止条例》，为弥补当时国家法律上的漏洞，市政府还与市内的骨干企业签订了《公害防治协议书》。通过立法规定了企业和公众的“排放者责任”和“延伸生产者责任”。同时，也规范了“产（企业）、官（政府）、学（大学及科研机构）、民（市民）”在建立循环型社会方面的责任和行为规范，从而保证发展循环经济有法可依。

②开展“产、官、学”共同研究，建立循环经济技术支撑体系。以 2001 年建设的北九州生态工业园为例，该园由“实证研究区”“综合环境联合企业区”“响滩再生资源加工区”3 部分组成。北九州把学术研究城的教育和基础研究、生态园的实证研究及产业化功能进行整合，依托北九州学术城的产业孵化作用，在资源循环使用、废弃物处理与资源化及环保设备研发领域处于领先地位；在燃料电池汽车、太阳能、风力发电、生物技术、信息及网络通信技术等领域也发展迅速，从而建立起以企业为主体的循环经济技术体系。

③社会整体推进。1997 年，北九州启动 Eco-Town（生态城）事业，目标是把学术研究城的科研优势，迅速应用到生态园的实证研究和商业化经营中，并引导大企业积极参与，从而促进产业环境化。2001 年，北九州举办以环境为主题的“北九州博览节”，设立环境活动展示馆和绿色生活会馆，通过显示板、录像等向市民介绍本市克服公害、发展经济的过程和成就，提倡绿色生活方式，增强建设北九州世界环境之都的信心。

从 20 世纪 60 年代的“环境公害城市”到当前的亚洲国际资源循环示范基地城市，日本北九州市将产业振兴与环境保护相结合，以环保开拓经济，实施“产业环境化、环境产业化”战略，探索让城市进入循环，构筑循环型社会的“北九州模式”。

3.1.4 日本经验对我国的启示

日本虽为发达国家，但其国土面积小，资源相对匮乏。从 20 世纪 50 年代中期开始，随着日本经济的复苏，环境公害也随之出现，尤其是60年代后期到70年代初期的经济高速增长，产业发展带来的环境公害成为重大社会问题。日本政府开始从法律和社会的角度对污染产业的发展进行了限制，这一措施取得了较好的效果。而在70年代出现了汽车工业带来的尾气污染及城市化带来的环境公害，80年代后期出现了地球环境问题和高科技公害等新产业环境公害，90年代废弃物问题日趋严重，而以往的环境问题也并没有完全消失。从这一环境问题的轨迹来看，日本的环境问题同样经历了一个反复治理、不断完善的一个过程。日本长年坚持以节能创新和发展低碳循环经济为主的生态发展模式，坚持资源综合利用优先战略，重点发展与生态环保相关的科技产业，实现了由经济强国向生态科技强国的过渡。

改革开放以来，以要素投入为主要驱动力的经济增长模式给我国的资源环境承载带来了巨大的压力。进入21世纪，促进生态环境与经济的协同发展成为建设中国特色社会主义事业必须解决的重大课题。在建立低碳社会发展绿色经济等领域的日本经验和做法对我国生态经济的发展具有重要启示意义。

（1）确立生态经济战略规划，引导实施生态产业政策

日本以中央政府战略引导为主旨，行政部门采用法理推进实施和洗涤民众思想同时进行的方式，发展低碳经济，创建生态社会。我国在借鉴日本发展模式时，要统筹方案的制订标准和执行细节，通过建立生态环保协同合作的方法，寻求环保多元化的政策和实施措施，全方位多主体协同发挥环境优化的最大生态效益，塑造生态共同体，实现最大限度地维护与增进生态公益的目的；同时配合建立科学严密、结构完善、条款详尽、执行有力的环境保护法律执行监督体系，以推动我国经济与生态环境协调有序发展。

（2）加大培育公众生态文明意识，提升国民整体素质

日本政府以战略引导、理念灌输、全员参与的做法推动低碳经济社会的发展，使得日本的民众普遍养成了节约环保的意识和行为习惯。我国应借鉴日本从幼童培养生态优先、环保第一的责任意识，培育生态环境、资源节约人人参与的理念，

走绿色发展、节能减排为主的环境经济协调发展之路。生态环境部门应主动会同文化和教育部门，通过各种方式和手段提升公众的生态环保意识，用影视动画等方式普及环保法律法规知识，制定适当的制度和激励措施提高公众参与环境保护的积极性，鼓励公众为政府的环境决策提供意见与建议，激励公众参与生态环境保护的主动性与自觉性。

（3）保障生态政策的执行力，推动可持续发展

日本通过中央政策引导与地方自治协同推动促进生态经济发展的具体实施举措，对我国生态经济发展具有一定的借鉴意义。我国提高环境政策效率和有效性的关键是要积极构建环境保护政策效果评估机制，探索经济与环境发展战略相结合的考核办法，注重测查当地生态与环保指数，建立生态环保问题问责机制。上级组织要建立生态优化管理委员会，对各地党政一把手在履新时必须由其上级相关部门出具当地的空气指数和地区水质报告，并采用不定期检测与年底环保考核指数相结合的办法，将考察结果由生态优化管理委员会及时向上级人事考核部门反馈，一旦发现空气环保等综合指数下降，要对其进行诫勉谈话，必要时进行相应的职务调整，避免生态环境优化建设流于形式。事实表明，没有政治体制的保障，生态文明建设和生态环境指标都将无法执行到位，生态文明发展最后只能成为空谈。建立实施生态导向的干部考评和升迁机制，加大对地方干部的生态问责，是建设生态文明社会的重要保障。

（4）创新循环经济新载体，高效利用生态资源

日本循环经济低碳社会的创新发展形成了生产企业员工参与，消费者配合支持和政府部门配合产业政策积极推进的闭环系统，把发展低碳循环经济作为实现可持续发展的最有效方式，真正做到了既节约资源，又保护生态环境的目的。我国应借鉴其方法加大对传统实体产业的技改扶持力度，避免出现只扶持高新技术、严罚传统企业的两个极端，积极引导高新环保产业与传统企业之间的优势互联，实现协同发展。改进我国地方政府部门的生态环保观，要把环保的处罚和创新技改政策的引导与实体企业进行紧密结合形成良性互动。地方政府应主动协同中央

政府，引导循环经济微观主体的企业行为与生态经济发展规划激励进行融合，使生态经济战略得到有效实施。通过对生活和工业废弃物的再利用，把循环模式逐渐运用到生产与消费领域，实现废弃物排放的最小化和生态资源利用的最大化，最终达到环境资源的高效循环利用。我国在各种生活垃圾、工业垃圾、常态废弃物的治理过程中探索出符合国情的生态经济模式，形成经济发展和环境保护的良性循环，以尽可能少的资源投入和污染物排放实现经济的可持续发展。

（5）以科技创新为驱动，延续经济有序发展

日本的科技兴国、文化强国战略对生态经济的发展也具有重要意义。发展生态经济既是经济发展问题又是科技进步的重要表现，要发挥科技创新在经济建设中的引领作用，将发展可再生能源提升到国家发展的战略高度，建立可再生能源研究机制，出台激励政策措施。加快培育和发展新能源、新材料等战略性新兴产业，延伸产品价值链，加强替代能源领域等生产技术研发，拓宽新技术应用领域，采用税收减免、财政补贴、贷款优惠等多种手段对创新企业形成有效的激励。通过多种措施鼓励加快发展水能、太阳能、风能、生物质能等可再生能源，提高新型工业产业链产品的附加值，形成一批绿色环保高附加值项目，扩大高新技术产业在经济结构中的比重，缩小资源依赖型产业的比重。通过发展高科技下的新材料、新能源、生物医疗保健产业等抢占经济发展的制高点，最终完成我国由资源开发型向低碳技术生态型经济社会的转变。

日本发展生态经济是由政府牵头全民参与实施的大国家战略行为。我国加强生态文明建设也应充分借助政府的力量建立健全法律体系，完善民众参与机制，建立实施以政府、社团、企业、公民多元主体参与为中心的治理机制动态系统，使我国的法律制约、宣传教育、监督惩罚及扶持激励机制共同作用于我国的生态经济系统，从不同方面促使公民与公民团体发挥主观能动性；大力推进环境保护科技开发创新体系建设，加速发展低碳与新兴能源产业技术，推动和提升清洁能源的科技成果转向工业化，加快推进高新技术产业化，利用高新技术发展环保生态产品，减少污染物的排放，彻底转变为低排放、低消耗、高科技、高效率的集

约型经济发展方式，推动相关产业向科技规模化、效率集约化方向发展，确保我国在发展经济的同时实现生态文明的可持续发展。

3.2 我国城市生态经济体系发展进展

按照历届党代会或相关重要会议论述，同时兼顾有影响的历史事件，对我国生态经济发展历程进行梳理总结，大致可以分为徘徊萌芽、探索准备、持续发展、全面推动、深入发力 5 个阶段。

根据党中央、国务院对生态文明作出的一系列重大决策部署，各地区各部门认真贯彻落实，全社会积极响应行动，生态文明建设制度体系逐步完善，环境治理和生态保护进程加快。目前，我国生态文明建设在生态经济体系等方面开展以下工作。

3.2.1 生态经济相关法律法规政策

3.2.1.1 产业生态化

（1）发展循环经济

20 世纪末，根据德国、日本等国的相关做法，我国学者开始引入循环经济的概念。全国人大环境与资源保护委员会、国家发展改革委和国家环境保护总局等部门根据对我国资源环境形势的判断，提出我国应大力发展循环经济。2002 年，辽宁省率先在全国开展循环经济试点。2004 年，中央经济工作会议首次明确提出，将发展循环经济作为经济发展的长期战略任务。2005 年，国务院发布了《关于加快发展循环经济的若干意见》，标志着中国发展循环经济进入全面发展阶段。

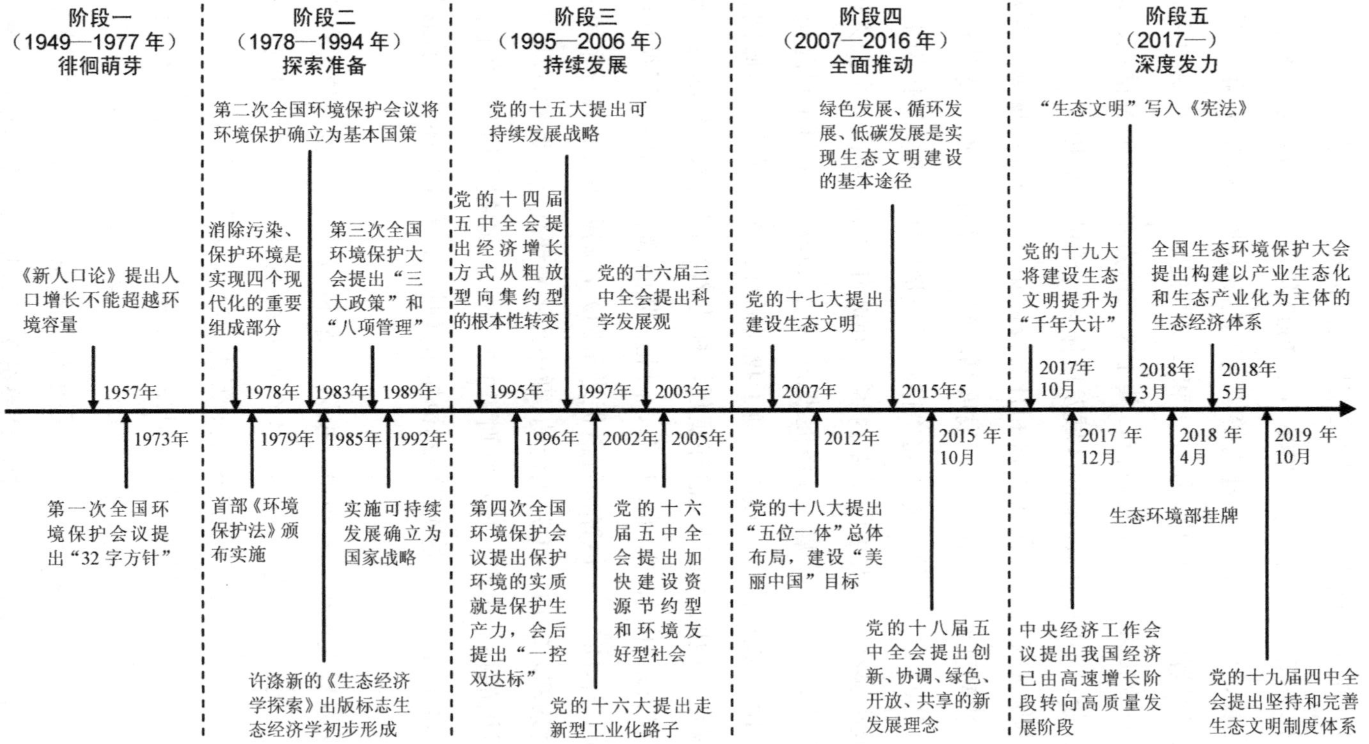

阶段一
（1949—1977 年）
徘徊萌芽

1957年 《新人口论》提出人口增长不能超越环境容量

1973年 第一次全国环境保护会议提出“32 字方针”

阶段二
（1978—1994 年）
探索准备

1978年 消除污染、保护环境是实现四个现代化的重要组成部分

1979年 首部《环境保护法》颁布实施

1983年 第二次全国环境保护会议将环境保护确立为基本国策

1985年 许涤新的《生态经济学探索》出版标志生态经济学初步形成

1989年 第三次全国环境保护大会提出“三大政策”和“八项管理”

1992年 实施可持续发展确立为国家战略

阶段三
（1995—2006 年）
持续发展

1995年 党的十四届五中全会提出经济增长方式从粗放型向集约型的根本性转变

1996年 第四次全国环境保护会议提出保护环境的实质就是保护生产力，会后提出“一控双达标”

1997年 党的十五大提出可持续发展战略

2002年 党的十六大提出走新型工业化路子

2003年 党的十六届三中全会提出科学发展观

2005年 党的十六届五中全会提出加快建设资源节约型和环境友好型社会

阶段四
（2007—2016 年）
全面推动

2007年 党的十七大提出建设生态文明

2012年 党的十八大提出“五位一体”总体布局，建设“美丽中国”目标

2015年5 绿色发展、循环发展、低碳发展是实现生态文明建设的基本途径

2015 年 10月 党的十八届五中全会提出创新、协调、绿色、开放、共享的新发展理念

阶段五
（2017—）
深度发力

2017年 10月 党的十九大将建设生态文明提升为“千年大计”

2017 年 12月 中央经济工作会议提出我国经济已由高速增长阶段转向高质量发展阶段

2018年 3月 “生态文明”写入《宪法》

2018 年 4月 生态环境部挂牌

2018年 5月 全国生态环境保护大会提出构建以产业生态化和生态产业化为主体的生态经济体系

2019 年 10月 党的十九届四中全会提出坚持和完善生态文明制度体系

图 3-1　我国生态经济发展阶段划分

来源：文传浩，李春艳. 论中国现代化生态经济体系：框架、特征、运行与学术话语[J]. 西部论坛，2020，30（3）：1-14.

2005 年 10 月，国家发展改革委会同国家环境保护总局等 6 部门联合发布了《循环经济试点工作方案》，并分别于 2005 年、2007 年启动两批试点工作，共涉及钢铁、有色、煤炭、电力、化工、建材等 11 个重点行业的 84 家企业，再生资源回收利用等重点领域的 34 家单位，国家级和省级开发区、重化工业集中区和农业示范区等 33 个产业园区以及 27 个省市，共 178 家试点单位。通过试点，逐步探索建立了不同行业、不同领域、不同区域发展循环经济的有效模式。

2006 年，《中华人民共和国国民经济和社会发展第十一个五年规划纲要》中明确要求，必须加快转变经济增长方式，发展循环经济，加快建设资源节约型、环境友好型社会。2007 年，党的十七大将“循环经济形成较大规模”作为生态文明建设和全面建成小康社会新要求的重要内容。2008 年 8 月 29 日，全国人民代表大会常务委员会审议通过了《循环经济促进法》，于 2009 年 1 月 1 日起正式实施，并于 2018 年 10 月进行修订。该法明确了我国循环经济发展的基本原则、要求和管理制度，规定了激励措施以及法律责任，标志着我国进入了依法全面推动循环经济发展的新阶段。山东、江苏、广东、河北、陕西等省先后发布了循环经济条例，深圳市发布《深圳经济特区循环经济促进条例》，鹤壁市发布《鹤壁市循环经济生态城市建设条例》。2013 年 1 月出台的《循环经济发展战略及近期行动计划》，确立了循环经济发展的指导思想、基本原则和主要目标，实施循环经济“十百千”示范行动［十大示范工程、百个循环经济示范城市（县）、千家循环经济示范企业（园区）］。

2014 年，国家发展改革委等发布第一批国家循环经济试点示范单位，涉及 21 个省市 84 家单位，第二批示范单位涉及 14 个省市 65 家单位。国家发展改革委、财政部 2016 年发布了《国家循环经济试点示范典型经验及推广指南》，旨在推广解决地方、产业园区在循环经济发展过程中存在法律法规不完备、政策机制不完善、配套政策不协调等问题的经验，促使循环经济发展协同推进。2016 年国家发展改革委会同有关部门 2007 版评价指标体系进行补充完善，发布了《循环经济发展评价指标体系（2017 年版）》，将指标体系分为综合指标、专项指标、参考指标 3 类共 17 项指标。

2021 年 2 月，国务院印发了《关于加快建立健全绿色低碳循环发展经济体系的指导意见》（国发〔2021〕4 号），提出要“全方位全过程推行绿色规划、绿色设计、绿色投资、绿色建设、绿色生产、绿色流通、绿色生活、绿色消费，使发展建立在高效利用资源、严格保护生态环境、有效控制温室气体排放的基础上，统筹推进高质量发展和高水平保护，建立健全绿色低碳循环发展的经济体系，确保实现碳达峰、碳中和目标，推动我国绿色发展迈上新台阶”。同年 7 月，国家发展改革委发布了《“十四五”循环经济发展规划》，提出了“十四五”循环经济发展的主要任务，即构建资源循环型产业体系，提高资源利用效率；构建废旧物资循环利用体系，建设资源循环型社会；深化农业循环经济发展，建立循环型农业生产方式。同年 12 月，国家发展改革委办公厅与工业和信息化部办公厅印发《关于做好“十四五”园区循环化改造工作有关事项通知》（发改办环资〔2021〕1004 号），为加快推动产业园区绿色低碳循环发展、提高资源能源利用效率、助力实现“碳达峰、碳中和”目标，提出“十四五”园区循环化改造工作目标与主要任务。2022 年 1 月，国家发展改革委等部门联合发布《关于加快废旧物资循环利用体系建设的指导意见》（发改环资〔2022〕109 号），针对完善废旧物资回收网络、提升再生资源加工利用水平、推动二手商品交易和再制造产业发展、完善废旧物资循环利用政策保障体系等方面提出发展要求与重要部署。

目前，我国循环经济主要从 4 个层面推进，并形成了稳定的发展模式。一是在企业层面，推进清洁生产，促进节能减排。通过企业内部各工艺之间的物料能量循环，减少物料能量的使用，达到少排放甚至“零排放”的目标。支持建设一批推行清洁生产、发展循环经济和“零排放”示范企业。二是在产业间或工业园区层面，建设生态工业园区。按照资源循环利用、规模经济效益、专业化分工的原则，合理构建循环经济产业链，形成各具特色、优势互补、互利共赢的生态产业网络，实现资源共享和副产品互换的产业共生组合。三是在废物回收和综合利用层面，建设废旧资源循环利用体系。建设废钢铁、废有色金属、废纸、废塑料、废旧轮胎、废旧家电及电子产品、废旧机电产品、包装废物等回收和循环利用体系，即静脉产业。同时，有效防止资源循环利用产业产生的“二次污染”。四是在全社会层面，建设循环型社会。把工业和农业、城市和农村、生产和消费、理念和实践有机结合起来，逐步形成节约能源资源和保护生态环境的产业结构、增长方式、消费模式，提高全社会资源利用和废物减排水平。大力发展环境标志产品，推动政府绿色采购和可持续消费。

（2）优化产业结构

改革开放 40 多年来，我国经济体制改革取得了重大进展，但影响经济持续健康增长的机制障碍仍然存在，其中一个突出障碍就是产业结构失衡。近年来，我国经济结构失衡问题也呈现加剧的趋势，经济发展在平衡、协调、可持续性方面还存在较为严重的结构性问题。调整产业结构，促进产业结构转型升级是推动我国经济发展、实现经济效益和质量提高的重要措施。党的十七大报告提出要建设生态文明，基本形成节约资源和保护生态环境的产业结构、增长方式、消费模式，并强调在社会发展过程中要把生态文明建设融入政治、经济、文化和社会建设，这是我国第一次确立建设生态文明的目标，并着重强调了产业结构在其中的重要作用。党的十八大进一步提出“五位一体”总体布局，为目前产业结构的优化提出了新的实践要求。

为了进一步转变经济增长方式，推进产业结构调整和优化升级，国务院 2005 年发布实施了《促进产业结构调整暂行规定》，国家发展改革委 2005 年发布了《产业结构调整指导目录》，作为《促进产业结构调整暂行规定》的配套文件，该目录在 2011 年、2013 年和 2019 年分别进行了修订，目录涉及 20 多个行业，分为鼓励类、限制类和淘汰类。

国务院 2014 年发布了《关于加快发展生产性服务业促进产业结构调整升级的指导意见》，鼓励企业向价值链高端发展，推进农业生产和工业制造现代化，加快生产制造与信息技术服务融合。以江苏省为例，江苏省从政策引领、集群培育、做强企业、两化融合 4 个方面精准发力，持续优化产业结构。政策引领，明确产业结构优化方向，江苏省在全国率先出台《中国制造2025江苏行动纲要》，确立建设制造强省总目标，制定印发《关于加快培育先进制造业集群的指导意见》，聚焦先进制造业和战略性新兴产业。

2018年，工业和信息化部印发《产业转移指导目录（2018年本）》，统筹区域资源与环境承载能力，引导产业有序转移，推动工业转型升级与区域协调发展。

“蓝天保卫战三年行动计划”将产业结构优化调整作为重要突破口。国务院2018年发布《关于印发打赢蓝天保卫战三年行动计划的通知》，要求调整优化产业结构，要求各地完成“三线一单”编制工作，明确禁止和限制发展的行业、生产工艺和产业目录，修订完善高耗能、高污染和资源型行业准入条件，环境空气质量未达标城市应制定更严格的产业准入门槛。严控区域产业布局调整力度，加快城市建成区重污染企业搬迁改造或关闭退出，推动实施一批水泥、平板玻璃、焦化、化工等重污染企业搬迁工程；重点区域城市钢铁企业要切实采取彻底关停、转型发展、就地改造、域外搬迁等方式，推动转型升级。重点区域禁止新增化工园区，加大现有化工园区整治力度。各地已明确的退城企业，要明确时间表，逾期不退城的予以停产。严控“两高”行业产能。

《水污染防治行动计划》（以下简称“水十条”）多举措倒逼产业结构调整。“水十条”提出加快淘汰落后产能，合理确定产业发展布局、结构和规模，以工业水、再生水和海水利用等推动循环发展。在“优化空间布局”章节提出“合理确定发展布局、结构和规模。充分考虑水资源、水环境承载能力，以水定城、以水定地、以水定人、以水定产”。

（3）推动绿色产业发展

2019年国家发展改革委牵头发布《绿色产业指导目录（2019年版）》，明确了节能环保产业、清洁生产产业、清洁能源产业、生态环境产业、基础设施绿色升级、绿色服务等发展重点，该目录将作为各地区、各部门明确绿色产业发展重点、制定绿色产业政策、引导社会资本投入的主要依据。

生态环境部（原国家环保总局、环境保护部）为了推进生态工业示范园区的建设工作，2007年发布了《关于开展国家生态工业示范园区建设工作的通知》《国家生态工业示范园区管理办法（试行）》，2009年发布《关于在国家生态工业示范园区中加强发展低碳经济的通知》，2011年发布《关于加强国家生态工业示范园区建设的指导意见》，2015年发布《国家生态工业示范园区管理办法》等文件，并发布《国家生态工业示范园区标准》（HJ 274—2015）。截至目前，全国共有25个省（区、市）的93个工业园区开展了国家生态工业示范园区的创建工作，其中51家已正式得到命名。

2017年，中国石油和化学工业联合会发布了《中国石油和化学工业绿色发展六大行动计划（2017—2020年）》，在废水、废气、固体废物治理，以及节能低碳、安全管理提升和石油和化工园区绿色发展等方面提供了有针对性的技术意见与管理措施。

2017年，交通运输部印发《推进交通运输生态文明建设实施方案》《关于全面深入推进绿色交通发展的意见》等一系列文件，加快推进交通运输生态文明建设和绿色循环低碳发展。

2017年，住建部印发《建筑节能与绿色建筑发展“十三五”规划》，对建设节能低碳、绿色生态、集约高效的建筑用能体系具有重要意义。

2020年7月，国家发展改革委发布《关于组织开展绿色产业示范基地建设的通知》（发改办环资〔2020〕519 号）。经各省级国家发展改革委审核推荐、专家评审、网上公示等程序，于同年12月确定并公布了31家绿色产业示范基地，同时开展各园区《绿色产业示范基地建设方案》编制工作，推进基地建设，做好经验总结推广。

（4）大力推进清洁生产

自1992年以来，我国陆续出台了42项清洁生产方面的法律法规、制度和规范，为清洁生产产业的形成奠定了基础。此外，各省（区、市）也陆续发布了一系列的配套政策和文件。据统计，2016年各省（区、市）共发布清洁生产综合管理类文件66项，内容涉及清洁生产整体推进管理、强化重点企业强制性清洁生产审核评估验收、推行重点行业清洁生产对标、加快推进大气污染及涉重金属企业清洁生产实施等方面。

据不完全数据统计，2002 年我国清洁生产咨询机构仅有 40 家，到 2016 年年底，全国共有清洁生产咨询服务机构 1 000 家左右，全国环保系统共对 52 120 余家企业组织开展了强制性清洁生产审核，其中 2016 年全国共有 4 785 家企业实施审核，2016 年全国清洁生产审核方案实施共投入资金 229.1 亿元。

2002 年颁布《中华人民共和国清洁生产促进法》，2012 年进行了修正，进一步规范了清洁生产审核程序。为了更好地指导地方和企业开展清洁生产审核，国家发展改革委和环境保护部 2016 年发布了《清洁生产审核办法》，明确了清洁生产审核的范围和实施细则。为了规范清洁生产审核行为，指导清洁生产审核评估与验收工作，生态环境部和国家发展改革委 2018 年发布了《清洁生产审核评估与验收指南》。

国家发展改革委、环境保护部和工业和信息化部于 2014 年起开展《清洁生产评价指标体系制（修）订计划（第一批）》、《清洁生产评价指标体系制（修）订计划（第二批）》（2016 年）工作。截至 2022 年，已完成电解锰、涂装、合成革、光伏电池、黄金、制革、洗染、钢铁、再生铜、合成纤维、再生纤维、印刷、化学原料药、硫酸、再生橡胶等行业的清洁生产评价指标体系编制工作及电解锰等 5 个行业的清洁生产指标体系修编工作。《清洁生产评价指标体系》的出台，可系统、规范地指导各行业企业依法合规实施清洁生产。

2021 年，国家发展改革委、生态环境部等部门联合印发《“十四五”全国清洁生产推行方案》（发改环资〔2021〕1524 号），从工业、农业及其他领域等方面实施清洁生产提出明确的目标要求和实施路径，并提出各个领域的重点工程。

3.2.1.2 生态产业化

（1）加强生态修复

自 2011 年以来，我国出台了多项环保政策致力于水资源、土壤、大气、固体废物等生态修复的实施，如“水十条”、《土壤污染防治计划》（以下简称“土十条”）等顶层设计。在政策指引下，全国开始深入实施大气、水、土壤污染防治行动计划，坚持保护优先、自然恢复为主，实施山水林田湖草生态保护和修复工程，开展大规模国土绿化行动。

2016年，《长江经济带发展规划纲要》正式印发，提出推动长江经济带发展要遵循五条基本原则，其中第一条是江湖和谐、生态文明，要强化长江全流域生态修复，保护和改善流域生态服务功能。

2015年，科技部、环境保护部等联合发布《节水治污水生态修复先进适用技术指导目录》，推动水生态修复等方面先进适用技术推广应用，提升科技对水安全保障支撑能力。

2020年5月，国家发展改革委、自然资源部联合发布《全国重要生态系统保护和修复重大工程总体规划（2021—2035年）》，着力提高生态系统自我修复能力，切实增强生态系统稳定性，显著提升生态系统功能，全面扩大优质生态产品供给，推进形成生态保护和修复新格局，为维护国家生态安全、推进生态系统治理体系和治理能力现代化、加快建设美丽中国奠定坚实生态基础。同年8月，自然资源部、财政部、生态环境部印发《山水林田湖草生态保护修复工程指南（试行）》（自然资办发〔2020〕38号），指导和规范各地山水林田湖草生态保护修复工程实施。

2022年，生态环境部联合各部门先后印发了《黄河生态保护治理攻坚战行动方案》（环综合〔2022〕51号）、《深入打好长江保护修复攻坚战行动方案》（环水体〔2022〕55号），对黄河流域、长江流域的生态修复工作作出重要部署。

我国生态恢复行业发展也面临很多问题，如生态修复技术较为粗放，尤其是场地修复仍以传统的异位阻隔填埋为主，或者挖掘与热脱附、固化/稳定化、水泥窑处置相结合的处理方式，而欧盟的原位和异位修复技术比重相当。此外，修复资金及后期维护投入不足。

（2）发展生态林业

依托森林生态系统的多重服务功能发展起来的生态林业，包括森林保育、林下经济和森林康养、森林旅游等。

2016 年 5 月，国家林业局发布《林业发展“十三五”规划》，随后各省（区、市）相继发布地区林业发展“十三五”规划。规划指出：充分挖掘林业产业在绿色发展中的优势和潜力，发展特色产业，扶持新兴产业，提升传统产业，打造产业品牌，优化产业结构，培育龙头企业，壮大产业集群，推进林业一、二、三产业融合发展。加强特色林业基地建设，加快产业优化升级（加快提升林产加工业、加强林业生物产业高效转化和综合利用、大力发展林业综合服务业），发展优势产业集群（培育林业国家级现代林业产业示范园区和木材加工贸易区），完善林业相关产业的服务体系。

2021 年 9 月，国家林草局发布《“十四五”林业草原保护发展规划纲要》，提出了“十四五”期间林业草原保护发展的 12 项重点任务，包括做优做强林草产业，巩固生态脱贫成果，推动乡村振兴，深化林草改革开放，盘活集体林地资源，健全国有林场经营机制，理顺国有林区资源管理体制等。

（3）发展生态农业

依托当地特有的气候和优质的空气、水源、土壤等生态条件发展起来的生态农业，包括有机农业、绿色农业、特色农业、自然农业、观光农业等。这是根据生态系统内物质循环和能量转化规律，依据“整体、协调、循环、再生”原则，以保持和改善农业系统内的生态平衡为主导思想，运用现代科学技术成果、现代管理手段和系统工程方法，合理组织农业生产，获得较高的经济效益、生态效益和社会效益的现代农业新模式。

2015 年，《全国农业可持续发展规划（2015—2030 年）》发布。该规划综合考虑各地农业资源承载力、环境容量、生态类型和发展基础等因素，将全国划分为优化发展区、适度发展区和保护发展区三大区域，因地制宜、梯次推进、分类施策。要求围绕重点建设任务，以最急需、最关键、最薄弱的环节和领域为重点，统筹安排中央预算内投资和财政资金，调整盘活财政支农存量资金，安排增量资金，积极引导带动地方和社会投入，组织实施包括水土资源保护工程、农业农村环境治理工程、农业生态保护修复工程、试验示范工程等在内的一批重大工程，全面夯实农业可持续发展的物质基础。

2017年，国家发展改革委、农业部、国家林业局联合印发了《特色农产品优势区建设规划纲要》，鼓励地方做大做强优势特色产业，争创特色农产品优势区，把地方土特产和小品种做成带动农民增收的大产业。

2021年8月，农业农村部、浙江省人民政府印发《高质量创建乡村振兴示范省推进共同富裕示范区建设行动方案（2021—2025年）》，方案包括6项重点任务，即延伸乡村产业链条，拓展农业多种功能（优化提升乡村休闲旅游、催化发展乡村康养产业、活化传承乡村文化价值），发展绿色生态农业（发展绿色低碳循环产业、推广绿色低碳生产方式、健全生态产品价值实现机制），强化农业科技创新，建设美丽宜居乡村，深化农村改革。同月，农业农村部等6部门印发《“十四五”全国农业绿色发展规划》（农规发〔2021〕8号），以高质量发展为主题，以深化农业供给侧结构性改革为主线，以构建绿色低碳循环发展的农业产业体系为重点，对“十四五”时期农业绿色发展作出了系统安排。

2022年9月，农业农村部等部门与单位联合印发《建设国家农业绿色发展先行区　促进农业现代化示范区全面绿色转型实施方案》（农办规〔2022〕15号）。该方案以推广农业绿色技术、培育农业绿色主体、构建农业绿色政策支持体系、创新农业绿色发展机制4个方面为重点任务，推进实现以生态环境高水平保护推动农业农村高质量发展的目标。

（4）开发生态旅游

生态旅游包括养生休闲旅游、生态文化旅游和美丽乡村旅游等。生态旅游是生态文明的载体，良好的生态环境是生态旅游的基础，保护生态环境是生态旅游的核心，2008年，时任国家环保总局副局长吴晓青在全国生态旅游发展工作会议上要求进一步规范生态旅游开发。

2012年，国家旅游局和环境保护部制定了《国家生态旅游示范区管理规程》和《国家生态旅游示范区建设与运营规范（GB/T 26362—2010）评分实施细则》，指导和监督国家生态旅游示范区建设和运营工作。

3.2.1.3 小结

党的十八大以来，国家高度重视生态经济体系的顶层设计，深入推进政策改革与创新，政策体系不断完善，生态经济政策改革取得了一定进展和成效，有力推动了污染治理和生态保护，有效促进了我国生态文明建设和绿色发展。

前一阶段虽然取得了一定的成绩，但是，现阶段我国生态经济体系仍不够完善，依旧不能完全适应和满足新时代生态文明建设的需要。“十四五”仍需积极推进和创新运用生态经济政策，更大力度地发挥政策全链条作用，为环境质量持续改善、生态文明建设深入推进提供长效政策机制，开启美丽中国建设新篇章。

3.2.2 我国城市生态经济发展现状

3.2.2.1 我国城市产业结构状况

根据2001—2021年《中国城市统计年鉴》，我国城市第一产业与第二产业占我国城市生产总值比率逐年下降，第三产业的占比逐年增高（图3-2、图3-3）。2000—2014年，第二产业为我国城市生产总值占比最高的产业类型；自2015年开始，第三产业的占比逐渐成为占比最高的产业类型，尤其是2017年以来，其占我国城市生产总值的比例超过50%。其中，2020年，我国城市第一产业、第二产业、第三产业占我国城市生产总值比例分别为3.0%、36.2%和60.8%。

2000—2020年我国城市人均GDP变化情况如图3-4所示。同时，对比2000—2019年我国城市的就业结构（图3-5），可以看出，第一产业的就业比例逐年下降，从4.0%（2000年）下降至0.4%（2019年）；第二产业的就业比例整体呈下降趋势，从49.0%（2000年）下降至39.2%（2019年）；第三产业的就业比例有明显上升，从47.0%（2000年）上升至60.3%（2019年）。

近20年内，我国城市的产业结构有了较明显的变化，正在由原来的工业主导型经济向服务主导型经济转变，说明我国城市产业结构转型取得了一定的进展，经济发展的粗放程度逐渐降低，资源逐渐得到合理高效的利用，逐步向生态经济发展模式转变。

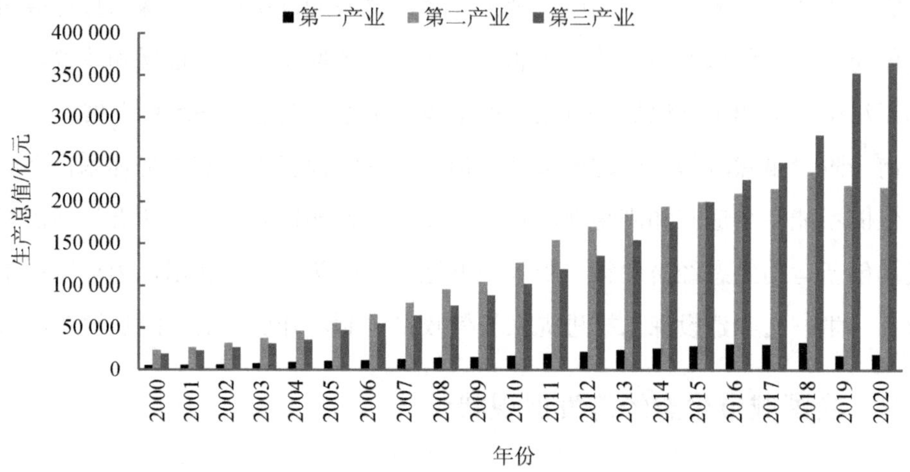

图 3-2　2000—2020 年我国城市一、二、三产业生产总值情况

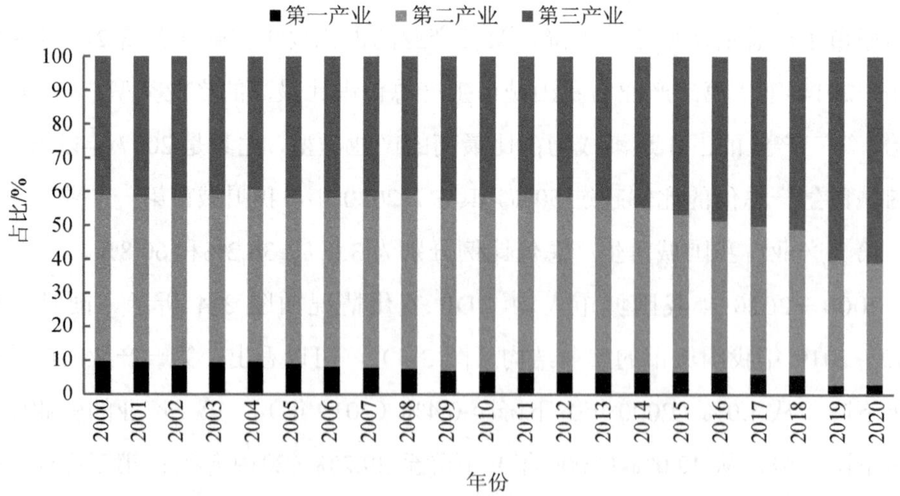

图 3-3　2000—2020 年我国城市一、二、三产业生产总值占比情况

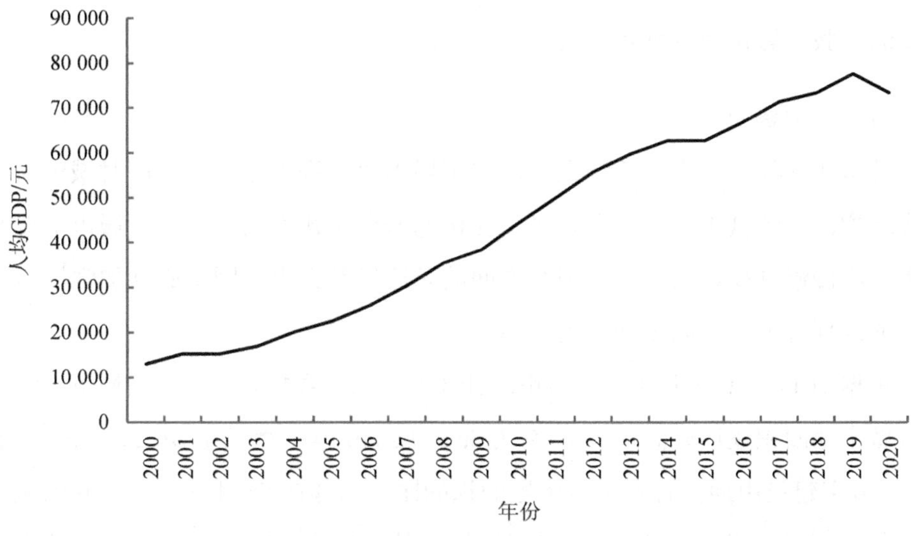

图 3-4 2000—2020 年我国城市人均 GDP 变化情况

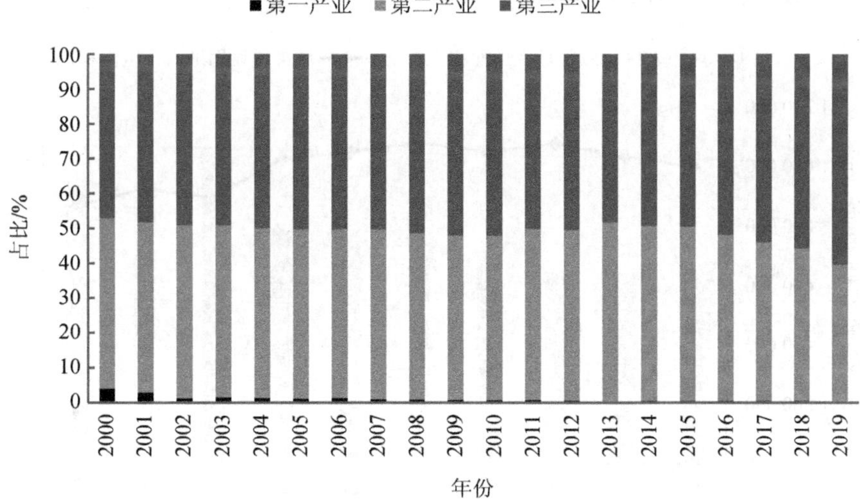

图 3-5 2000—2019 年我国城市一、二、三产业就业人数占比情况

3.2.2.2 我国城市资源利用情况

（1）土地资源

随着我国经济社会的不断发展，我国城市化进程不断加速，同时城市人口进一步增加，导致城市用地不断扩张。在快速城市化建设的进程中，城市中能开发的土地将慢慢减少，人与土地资源之间的矛盾日益突出，因此必须加强城市土地资源的规划管理，提高土地利用效率。

根据 2011—2021 年《中国城市统计年鉴》相关数据显示，我国城市市辖区行政区域土地面积逐年升高，从 62.9 万 km^2（2010 年）增长至 96.2 万 km^2（2019 年），城市建设用地占行政区域土地面积的比率总体在 5%上下波动。我国城市建成区绿化覆盖面积总体呈逐年增高趋势，从 13 129.63 km^2（2010 年）增长至 25 887.86 km^2（2020 年），建成区绿化覆盖率从 40%左右（2018 年以前）增长至 58%（2020 年）（图 3-6、图 3-7）。

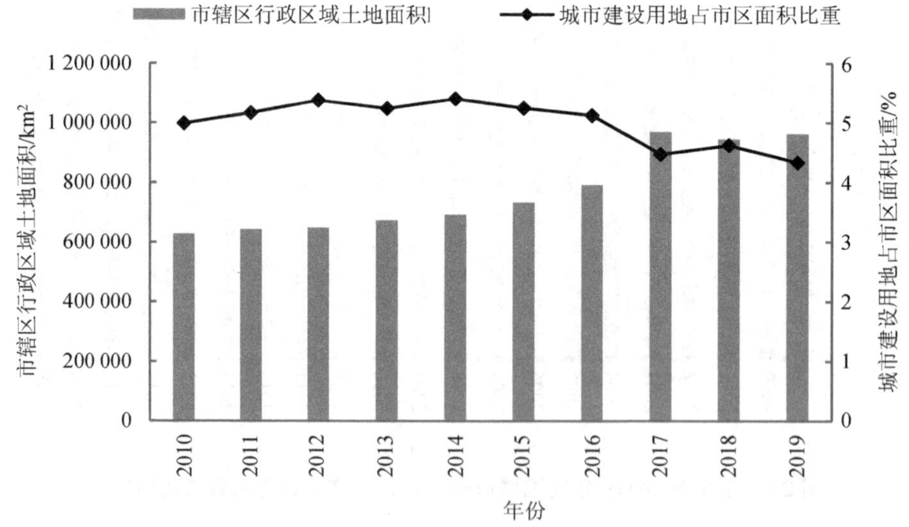

图 3-6 2010—2019 年我国城市建设用地变化情况

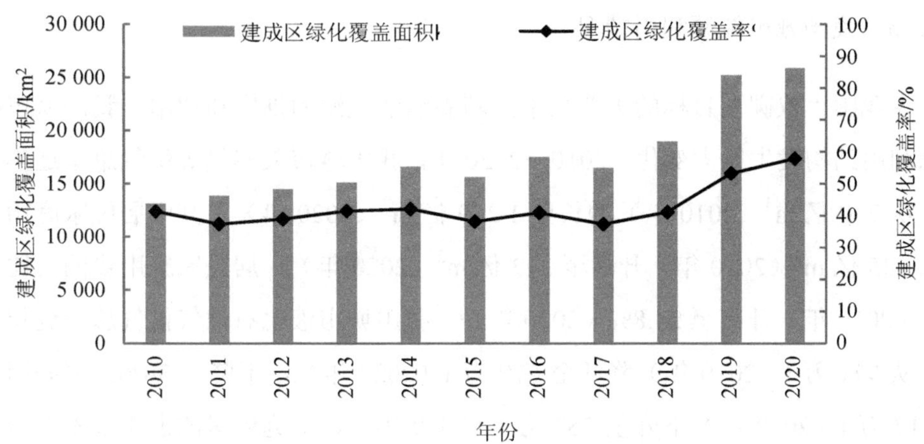

图 3-7 2010—2020 年我国城市建成区绿化面积变化情况

（2）水资源

近年来，通过加强污水处理管理水平及加大中水回用管理力度，我国城市水资源供需矛盾有所缓解。2016—2020 年，我国城市水资源总量呈先下降后上升趋势，从 21 466 亿 m^3（2016 年）下降至 16 267 亿 m^3（2018 年），又上升至 23 475 亿 m^3（2020 年）。我国城市人均水资源占有量从 4 618 m^3/人（2016 年）下降至 3 436 m^3/人（2018 年），又上升至 5 059 m^3/人（2020 年）（图 3-8）。

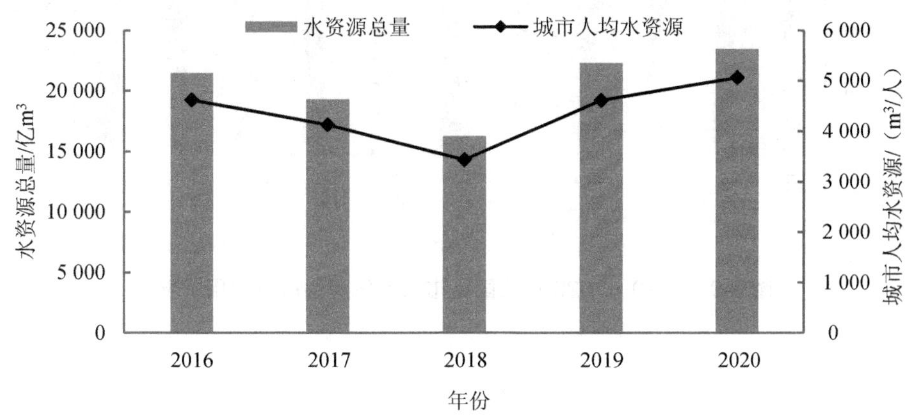

图 3-8 2016—2020 年我国城市水资源变化趋势

3.2.2.3 我国城市能源利用情况

在我国“双碳”目标的大背景下，随着清洁能源的推广和使用，我国城市的能源利用结构发生巨大变化。2010—2020 年，我国城市天然气等供气总量逐年升高，从 750 亿 m^3（2010 年）增长至 1 259 亿 m^3（2020 年），其中居民家庭用量也从 135 亿 m^3（2010 年）升高至 312 亿 m^3（2020 年），居民家庭用量的占比由 18%（2010 年）升高至 24.8%（2020 年）。我国城市液化石油气供气总量逐年下降，从 971 万 t（2010 年）降低至 679 万 t（2020 年），下降了 30%；家庭用量从 517 万 t（2010 年）下降至 352 万 t（2020 年），家庭用量的占比基本保持在 50%左右（图 3-9、图 3-10）。

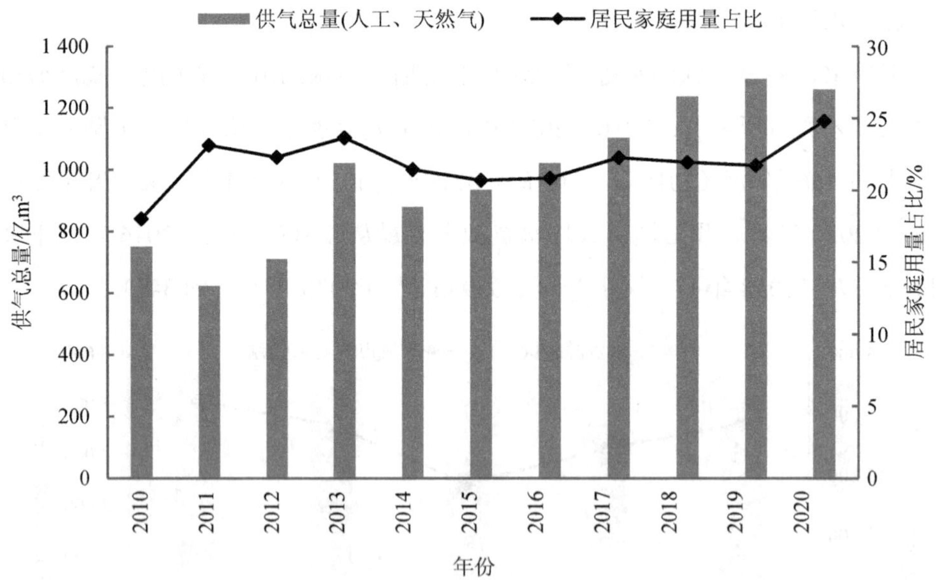

图 3-9 2010—2020 年我国城市天然气等供应及利用情况

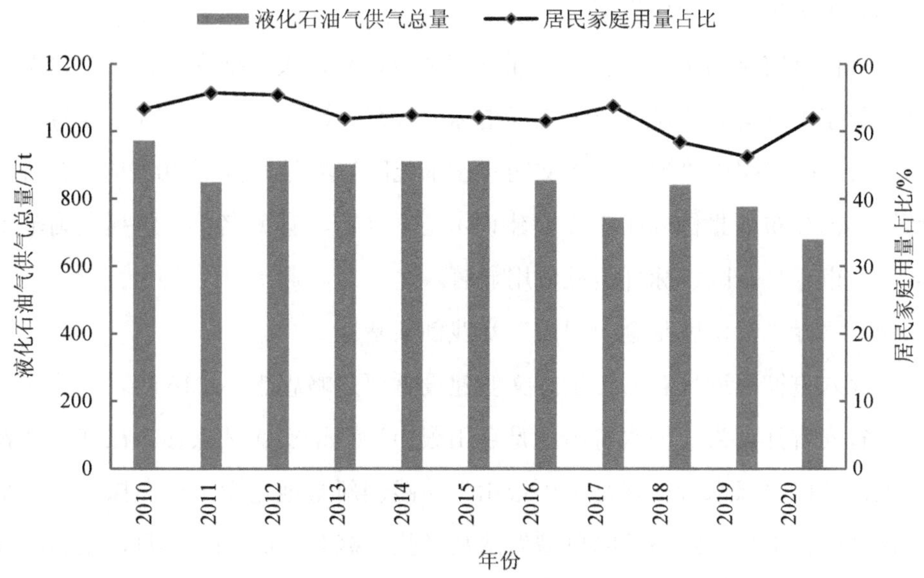

图 3-10 2010—2020 年我国城市液化石油气供应及利用情况

3.2.2.4 城市生态经济建设载体

（1）绿色产业示范基地

为了搭建绿色发展促进平台，不断提高绿色产业发展水平，国家发展改革委发布《关于组织开展绿色产业示范基地建设的通知》（发改办环资〔2020〕519号）。提出要推动绿色产业集聚，提升绿色产业竞争力，构建技术创新体系，完善政策体制机制。计划到 2025 年，绿色产业示范基地建设取得阶段性进展，培育一批绿色产业龙头企业，对全国绿色产业发展的引领作用初步显现。

（2）国家循环经济示范市（县）

为了贯彻落实《中华人民共和国国民经济和社会发展第十二个五年规划纲要》和《循环经济发展战略及近期行动计划》（国发〔2013〕5 号），建设一批循环经济示范城市（县），国家发展改革委、财政部和住建部联合发布《关于开展循环经济示范城市（县）建设的通知》（发改环资〔2015〕2154 号）。

（3）国家生态文明建设示范区

为贯彻落实党的十八大和十八届三中全会精神，大力推进生态文明建设，对达到《国家生态文明建设试点示范区指标（试行）》（环发〔2013〕58号）要求的市、县、区，授予“国家生态文明建设示范区”称号。截至2022年12月，生态环境部已公布6批国家生态文明建设示范区（市、县）名单，包括全国范围内共468个市、县、区，标杆引领作用显著。

（4）“绿水青山就是金山银山”实践创新基地

为深入贯彻习近平总书记生态文明建设重要战略思想，2016年，环境保护部将浙江省安吉县列为“绿水青山就是金山银山”理论实践试点县。在试点经验的基础上，开展“绿水青山就是金山银山”实践创新基地建设工作，探索“绿水青山就是金山银山”实践路径的典型做法和经验。截至2022年12月，生态环境部已公布6批“绿水青山就是金山银山”实践创新基地名单，共计187个。

（5）国家生态工业示范园区

国家生态工业示范园区是由生态环境部、商务部和科技部三部门联合推动的工业园区领域开展生态文明建设的重要实践形式。依据循环经济、生态工业和清洁生产理念，构建以资源能源高效利用、废物循环利用、污染物减量排放为主要特征的工业共生体系，实现以较小的资源消耗和环境负荷获得显著经济效益。截至2019年8月，全国共有25个省（区、市）的93个工业园区开展了国家生态工业示范园区的创建工作，其中55家已正式得到命名。从国家级批准的生态工业园区域分布情况可以看出，一半以上的生态工业园区建在华东地区，这里也是产业发展密集区。

（6）生态经济区

生态经济区是将一定范围的行政区域作为一个生态系统来研究，是在卫生城市、园林城市、生态农业示范区、生态工业园区、生态省等的基础上形成的更高一级、更复杂的复合生态系统，所包含的区域更广阔、人口更多、自然地理环境也更复杂，是一个开放的、动态的发展模式。

①鄱阳湖生态经济区。国务院于2009年12月12日正式批复《鄱阳湖生态经

济区规划》，标志着建设鄱阳湖生态经济区正式上升为国家战略。鄱阳湖生态经济区是以江西鄱阳湖为核心，以鄱阳湖城市圈为依托，以保护生态、发展经济为重要战略构想的经济特区。鄱阳湖生态经济区是中国南方经济最活跃的地区，位于江西省北部，包括南昌、景德镇、鹰潭3市，以及九江、新余、抚州、宜春、上饶、吉安市的部分县（市、区），共38个县（市、区）和鄱阳湖全部湖体在内，面积为5.12万km^2。

为了建设鄱阳湖生态经济区，江西省委、省政府从调查研究、条件平台、战略研究和技术支撑等方面采取一系列措施。

- 开展鄱阳湖流域资源环境综合科学考察与研究；
- 建设合作研究、联合攻关平台；
- 开展宏观战略研究与规划；
- 开展技术研发与技术集成研究；
- 建设鄱阳湖生态经济区试验示范网络体系。

②洞庭湖生态经济区。为了打好洞庭湖这张湖南最响的名片，争取将洞庭湖生态经济区建设上升为国家战略层面，推动和实现区域经济协调发展，保障国家粮食生产安全、长江流域水资源生态安全和构筑长江黄金水道发展轴线，国务院于2014年批复了洞庭湖生态经济区规划。

洞庭湖生态经济区包括岳阳、常德、益阳3市，长沙市望城区和湖北省荆州市，共33个县（市、区）。规划总面积6.05万km^2，常住总人口为2 200万人。《洞庭湖生态经济区规划》重点从水域生态修复、产业转型发展等方面，提出具体措施和规划目标。

③黄河三角洲高效生态经济区。作为山东省“一体两翼”区域发展格局中的“北翼”，黄河三角洲高效生态经济区是依托半岛城市群、对接天津滨海新区、服务环渤海的重要经济区。国务院2009年11月正式批复《黄河三角洲高效生态经济区发展规划》。该经济区包括东营、滨州两个市和潍坊北部寒亭区、寿光市、昌邑市，德州乐陵市、庆云县，淄博高青县，烟台莱州市，共涉及6个市的19个县

（市、区），总面积为 2.65 万 km^2，截至 2009 年年底常住人口为 982.1 万人。该规划着力构建符合可持续发展要求的产业体系，并搞好生态环境保护与建设。

（7）生态经济带

①黄河生态经济带。结合黄河流域实际和上、中、下游不同特点，围绕加强生态环境保护、保障黄河长治久安、推进水资源节约集约利用、推动黄河流域高质量发展以及保护传承弘扬黄河文化等重点任务，国家正在组织有关方面加快编制黄河流域生态保护和高质量发展规划纲要，努力将黄河流域打造为贯通东西的生态经济带。

②淮河生态经济带。2018 年 11 月，国务院正式批复《淮河生态经济带发展规划》。规划范围包括 25 个地市和 4 个县（市），面积为 24.3 万 km^2。规划对淮河生态经济带的战略定位包括流域生态文明建设示范带、特色产业创新发展带、新型城镇化示范带、中东部合作发展先行区（表 3-1）。

表 3-1　国家生态文明建设示范试点基本情况表

类别	地区	功能定位	主要措施	示范试点效果
党中央、国务院批准的“国家生态文明示范区”	福建	国土空间科学开发的先导区，生态产品价值实现的先行区，环境治理体系改革的示范区，绿色发展评价导向的实践区	念好“山海经”，种好“摇钱树”，做好“水文章”	绿色发展指数位居全国第二，生态环境“高颜值”与经济发展高质量齐头并进
	江西	“山水林田湖草沙”综合治理样板区，中部地区绿色崛起先行区，生态环境保护管理制度创新区，生态环境保护管理制度创新区	发展绿色产业，“生态+”“+生态”融入经济发展全过程	生态环境质量全国保持领先，生态江西品牌更加响亮，美丽中国“江西样板”上新台阶
	贵州	长江珠江上游绿色屏障建设示范区，西部地区绿色发展示范区，生态脱贫攻坚示范区，生态文明法治建设示范区，生态文明国际交流合作示范区	实施绿色经济倍增计划和绿色改造提升，发展数字经济，实施生态扶贫	绿色经济占全省 GDP 的 42%，经济增速连续 9 年居前 3 位，同时生态环境质量稳居全国前列，10 个国家级试点取得进展

类别	地区	功能定位	主要措施	示范试点效果
党中央、国务院批准的“国家生态文明示范区”	海南	生态文明体制改革样板区，陆海统筹保护发展实践区，生态价值实现机制试验区，清洁能源优先发展示范区	生态文明建设、生态产业化、脱贫攻坚、乡村振兴协同推进	生态优势转化为旅游优势，2019年有140多万游客到海南，同比增长13.6%
国务院批准的“国家生态经济区（带）”	黄河三角洲高效生态经济区	体现可持续发展理念，推进产业结构生态化、经济形态高级化，促进经济体系高效运转和高度开放，实现开发与保护、资源与环境、经济与生态的有机统一	地理位置上，主要分布在河流、沿海，有大量的湿地，动物多样性的栖息地；产业布局都要求在一定空间进行产业园区集中布局；发展重点不仅要求原有产业的改造升级，也要求保护生态环境；从要素配置来看，不仅强调市场配置资源的基础性作用，也要求发挥政府的宏观调控作用；从发展思路来看，均依托经济区（带），以沿线重要城镇为节点，打造高质量发展区（带）	东营市构筑起临港产业区、生态旅游区、生态高效农业区、高端产业区，建设“黄河水城”等“四区一城”主体产业格局
	鄱阳湖生态经济区	太湖流域综合开发示范区，长江中下游水生态安全保障区，中部崛起的重要带动区，国际生态经济合作平台，长江三角洲和珠江三角洲之间的重要经济增长极，世界级生态经济协调发展示范区		综合实力显著增强，转型步伐明显加快
	洞庭湖生态经济区	全国大湖流域生态文明建设试验区，保障粮食安全的现代农业基地，“两型”引领“四化”同步发展先行区，水陆联运的现代物流集散区，血吸虫病综合防治示范区		实现了生态保护与经济发展“两全其美”
	淮河生态经济带	流域生态文明建设示范带、特色产业创新发展带、新型城镇化示范带、中东部合作发展先行区		淮安市创成国家级水生态文明城市，入选全国首批、全省唯一黑臭水体治理示范城市
	汉江生态经济带	国家战略水资源保障区、内河流域保护开发示范区、中西部联动发展试验区、长江流域绿色发展先行区		武汉、孝感、随州、襄阳、十堰等城市制造业高质量发展带初现雏形

3.2.2.5 我国生态经济发展总体概况

（1）顶层设计逐步完善

党的十八大以来，中共中央、国务院印发《关于加快推进生态文明建设的意见》《生态文明体制改革总体方案》等文件。党的十八届四中全会要求加强生态文明建设立法，党的十九大把美丽中国建设列为社会主义现代化强国的重要内容，党的十九届四中全会要求坚持和完善生态文明制度体系，逐步健全环境保护法规和标准，基本建立“四梁八柱”制度体系。党的十九届五中全会提出我国生态文明建设新目标，明确要求建设人与自然和谐共生的现代化。

习近平总书记高度重视生态经济发展，多次作出重要指示批示，构成习近平生态文明思想的理论基础。在 2019 年 3 月习近平总书记参与内蒙古代表团审议时概括为“四个一”、提出生态文明建设“四个要”，标志着中国特色社会主义生态文明建设的宏观性、战略性和前瞻性的顶层设计基本完善；2020 年 9 月习近平主席在第 75 届联合国大会一般性辩论上的讲话中宣示，“将提高国家自主贡献力度，采取更加有力的政策和措施，二氧化碳排放力争于 2030 年前达到峰值，努力争取 2060 年前实现碳中和”；2020 年习近平总书记在中央经济工作会议将“做好碳达峰、碳中和工作”作为 2021 年要抓好的重点任务，提出“要抓紧制定 2030 年前碳排放达峰行动方案，支持有条件的地方率先达峰”。

（2）绿色发展成效显著

党的十八大以来，我国经济和能源结构持续优化，资源环境绩效明显提高。据国家统计局网站提供的数据，2021 年全国第三产业增加值、清洁能源和煤炭消费比重分别为 53.3%、25.5%、56.0%，相较 2012 年分别提高了 19.5%、18.6%、−13.4%。近 10 年（2012—2021 年），我国单位国内生产总值（GDP）能耗、水耗累积分别下降 26.4%、39.5%，以年均−3.3%、−5.9%的能源和水资源消费增速，支撑了年均 6.6%的经济增速；2005—2019 年单位 GDP 二氧化碳排放累积下降了 50.3%，提前 3 年超额完成二氧化碳减排承诺。工业节能减排成效特别显著，为全社会资源环境约束性目标任务的顺利完成作出了重要贡献。污染物排放总量持续降低，雾霾等重污染天气多发问题明显减少。美国国家航空航天局等机构的研究人员分析了 2000—2017 年新增的绿化面积，其中 25%以上来自中国。

（3）生态经济规模不断扩大

我国节能环保产业快速增长，总产值从 2012 年的 3 亿元增长至 2020 年的 7.5 万亿元，年均增速 15%。据预测，2022 年我国节能环保产业产值将突破 10 万亿元，至 2023 年达到 12.3 万亿元。

我国环保产业格局的演变进入行业巨头横向联合的新阶段。产业集群逐步形成。截至 2021 年 3 月，全国节能环保产业园区分布已呈现明显集聚状态，产业集群化、生态化发展格局凸显。目前国内节能环保产业园区主要分布在广东省、江苏省、浙江省、山东省和上海市。长江三角洲地带具备较强集中趋势，长江三角洲地区产业高新企业占比 35%。

（4）生态文明法律体系不断完善

2020 年 5 月 28 日，《中华人民共和国民法典》经第十三届全国人民代表大会第三次会议表决通过，自 2021 年 1 月 1 日起施行。《民法典》用 18 个条文专门规定“绿色原则”、确立“绿色制度”、衔接“绿色诉讼”，形成了系统完备的“绿色条款”体系，为习近平生态文明思想在我国法律中的全面贯彻奠定规范基础，为用“最严格的制度、最严密的法治保护生态环境”提供民法制度保障。

2020 年 10 月 17 日，《中华人民共和国生物安全法》由第十三届全国人民代表大会常务委员会第二十二次会议表决通过，自 2021 年 4 月 15 日起施行。生物安全法系统梳理、全面规范各类生物安全风险，明确生物安全风险防控体制机制和基本制度，填补了生物安全领域基础性法律的空白，有利于完善生物安全法律体系。

2020 年 12 月 26 日，《中华人民共和国长江保护法》在第十三届全国人民代表大会常务委员会第二十四次会议上表决通过，自 2021 年 3 月 1 日起施行。该法规定，长江流域经济社会发展，应当坚持生态优先、绿色发展，共抓大保护、不搞大开发；长江保护应当坚持统筹协调、科学规划、创新驱动、系统治理；国家建立长江流域协调机制，统一指导、统筹协调长江保护工作，审议长江保护重大政策、重大规划，协调跨地区跨部门重大事项，督促检查长江保护重要工作的落实情况。

（5）绿色技术创新能力不断增强

绿色技术创新是生态经济体系构建的重要驱动力，绿色技术创新不仅要实现绿色技术的商业价值，更要促进社会价值和生态价值的实现。通过转变传统经济发展方式，实现经济和环境效益在整个产品生命周期内的协调同步。

近年来，我国研究与实验发展经费的投入呈现稳中有进态势。2021 年，我国研究与试验发展支出占 GDP 的 2.44%，比 2012 年提高 0.53 个百分点，接近经济合作与发展组织（OECD）国家平均水平；每万人口高价值发明专利拥有量达到 7.5 件，较 2020 年提高了 1.2 件。

我国市场主体创新创造能力不断增强。截至 2021 年年底，我国国内拥有有效发明专利的企业达到 29.8 万家，较上年增长 5.2 万家。国内企业拥有有效发明专利 190.8 万件，同比增长 22.6%，高于全国平均增速 5.0 个百分点。其中，高新技术企业拥有有效发明专利 121.3 万件，占国内企业总量的 63.6%。

同时，关键核心技术领域专利储备不断增强，更加有力支撑产业升级。数据显示，按照世界知识产权组织划分的 35 个技术领域统计，截至 2021 年年底，我国国内发明专利有效量增长最快的 3 个领域，分别是信息技术管理方法、计算机技术和医疗技术，分别同比增长 100.3%、32.7%和 28.7%。

（6）试点示范有序推进

生态文明建设试点渐次展开，福建、江西、贵州、海南 4 个“国家生态文明试验区”以及北京、内蒙古、河北、黑龙江、浙江、江苏、云南、青海 8 个“国家生态文明先行示范区”目标任务明确；资源环境交易所（中心）、绿色金融改革创新试验区等，“探索建立排污权、水权、用能权等环境权益交易市场”。工业和信息化部推行生态设计、绿色制造等试点，发布“能效之星产品目录”，组织能效、水效“领跑者”示范；原国土资源部发布4批661家国家级绿色矿山试点和88家国家级矿山公园建设，生态环境部开展生态文明市、县建设试点，“绿水青山就是金山银山”实践创新基地建设等。通过几年的探索，各试点均取得了明显进展，如福建形成了长汀县的水土保持、武平县的“林改经验”“木兰溪”（莆田）的水治理、连江县“水上牧场”、南平武夷山“生态银行”等生态经济发展的典型案例。

（7）研究宣传形成氛围

著名经济学家许涤新是我国生态经济学的开拓者和奠基人，他于1980年8月首次提出生态经济问题，1987年创刊第一本专业期刊《生态经济》，同年7月出版了《生态经济学》这一开创性论著。唐龙、李瑾、王春益、刘曙光、张国俊等众多学者对生态经济学进行了系统研究。节能宣传周、城市节水宣传周、全民节能行动、国家节水行动等活动开展得有声有色，节约型机关、节约型公共机构等创建工作热情高涨，全民的资源节约、环境保护意识明显提高，忽视生态环境保护的倾向得到根本扭转。“绿水青山就是金山银山”发展理念成为全党全社会的共识和行动，成为新发展理念的重要组成部分。

3.2.3 我国城市生态经济体系存在的主要问题

（1）城市生态经济体系尚不健全

全国城市生态经济体系尚不健全。首先，在生态经济评价指标的选取、标准的建立上，缺乏统一的指南或规范。其次，缺乏对生态经济定期评估的机制，使得部分城市发展生态经济的积极性不足，认为保护“绿水青山”就是不能发展经济，将保护生态环境作为经济发展不力的理由。最后，从产业政策、税收和金融政策、绩效考核和监督保障等方面仍存在不足，整个生态经济体系不健全，难以使各级政府、市场主体和消费者等各方形成合力，促进城市生态经济快速发展。

（2）构建城市生态经济体系的路径不明

目前，虽然我国部分城市的生态经济建设取得了一定的成绩，但这只是部分城市在实践中所做的一些探索，构建城市生态经济体系的路径尚不明确，还需要在实践中不断探索，逐步建立以生态创新为依托的技术创新体系、以高质量发展为导向的现代生态产业体系和以生态价值实现为目标的投资体系。

（3）生态经济规模占比太低，绿色技术创新能力不足

传统产业转型升级和新兴产业培育壮大破立两难。一方面，传统产业转型难。高耗能行业能源消费规模居高不下，当今世界经济形势总体低迷难振，大宗商品需求有减无增，而原本具有比较优势的初级生产要素却渐显颓势，先进科技、专业人才等现代生产要素还不足以支持传统产业提速发展，对于担当传统产业结构向生态化转型的重任力所不及。另一方面，新兴产业发展有待提升。目前，中国战略性新兴产业占 GDP 的比重仍在 15%左右，总体发展略显不足，尽管国家产业发展所需的科技创新、资金和人才投入等核心支撑要素均在向好的方向转变，但是与发达国家相比仍有着不小的差距。

绿色技术创新是生态经济体系构建的重要驱动力，绿色技术创新不仅要实现绿色技术的商业价值，更要促进社会价值和生态价值的实现。通过转变传统经济发展方式，实现经济和环境效益在整个产品生命周期内的协调同步。目前，与发达国家相比，我国在生态经济领域的创新投入、专利申请、科技成果转化等仍有一定差距，存在绿色技术创新能力不足的现象。2019 年，我国研究与试验发展支出仅占 GDP 的 2.19%，每万人发明专利拥有量 13.3 件，而发达国家研究与试验发展支出均占 GDP 的 4%以上，每万人发明专利拥有量在 20 件以上。

（4）政策保障不充分

影响生态经济发展的价格、财税、金融等经济政策尚未建立健全。首先，从促进生态经济发展的价格机制来看，还存在价格机制不够完善、政策体系不够系统、部分地区落实不到位等问题，资源稀缺程度、生态价值和环境损害成本没有充分体现，激励与约束相结合的价格机制没有真正建立，需要通过进一步深化价格改革、创新和完善价格机制加以解决。其次，我国当前税制是以实物产品/服务和收入征税为主的传统“双主体”税制，环境税收在税制体系中仍处于相当次要

的地位，并没有一套完整的生态税收体系，只是在生产、投资及消费等环节开始陆续征收生态税。最后，缺乏激励城市发展生态经济的相关制度和考核措施，对各级地方政府的考核重数量轻质量，发展生态经济的内生动力不足，亟须建立合理的生态经济绩效评估与事后责任追究制度，推动经济向绿色化长效转型升级。

4 城市生态经济体系评估模型构建及案例

4.1 城市生态经济体系评估模型的构建

构建科学、精准的生态经济城市考核与评价指标体系，有助于地方政府有的放矢地制定并实施生态经济城市的发展战略，并为社会公众投入生态文明建设提供切实依据。国外学者对生态系统可持续发展评价体系的研究，可追溯到 1992 年由加拿大生态经济学家 Ree 和 Wackernagel 等提出的生态足迹（EF）分析法。OECD 和联合国环境规划署（UNEP）于 1993 年采用“压力—状态—响应”（PSR）模型开发了环境指标核心系列。

21 世纪以来，我国多省、市政府为其管辖区内生态建设，开展了一系列生态城市考核与评价指标体系的研究。以王发曾为代表的大多数学者采取城市生态系统的“经济—社会—生态”指标体系。我国现行《国家环境保护模范城市考核指标及其实施细则（第六阶段）》，从经济社会、环境质量、环境建设、环境管理 4 方面考核城市生态建设。此外，生命周期评价法、主成分分析法、层次分析法都在该领域广泛应用。我国工业化完成较晚，与发达国家相比，我国对生态文明建设的认识与对生态城市评价体系的探索还在逐步完善，往往忽视了生态建设中由资源禀赋与历史沉淀导致的区域差异问题。

4.1.1 生态经济评估方法综述

根据各评价方法所依据的理论基础，可将综合评价方法大致分为以下四大类。

（1）专家评分法

专家评分法是出现较早且应用较广的一种评价方法。它是在定量和定性分析的基础上，以打分等方式作出定量评价，其结果具有数理统计特性。

（2）运筹学与其他数学方法

①层次分析法（AHP），是1973年由美国学者T.L.Saaty首先提出的，经过多年的发展现已成为一种较为成熟的，一种定性与定量分析相结合的多准则决策方法。

②模糊综合评判法（FCE），1965年，美国加利福尼亚大学的控制论专家查德，第一次成功地运用精确的数学方法描述了模糊概念，宣告了模糊数学的诞生。模糊综合评判（FCE）是以模糊数学为基础，应用模糊关系合成的原理，将一些边界不清，不易定量的因素定量化一种综合评价方法。

③数据包络分析法（DEA），是1978年由美国A.Charnes和W.W.Coope等首先提出来的，是以“相对效率”概念为基础，根据多指标投入和多指标产出对相同类型的单位（部门）进行相对有效性或效益评价的一种新的系统分析方法，是处理多目标决策问题的好方法。

（3）基于统计和经济的方法

①TOPSIS（逼近于理想解）评价法，是由Hwang和Yoon于1981年首次提出的，是有限方案多目标决策分析中常用的一种科学方法。

②主次分析法，是由卡尔和皮尔逊最早在1901年提出，只不过当时是应用于非随机变量。1933年霍林将这个概念推广到随机变量。它是一种数学变换方法，把给定的一组相关变量通过线性变换转为另一组不相关的变量，这些新的变量按照方差依次递减的顺序排列。

③费用效益法，是指通过权衡效益与费用来评价的分析方法。

（4）新型评价方法

①人工神经网络评价方法（ANN），是模拟人脑的神经网络工作原理，建立能够“学习”的模型，并能积累和充分利用经验性知识，从而使求出的最佳解与实际值之间的误差最小。

②灰色综合评价法。灰色系统理论主要是利用已知信息来确定系统的未知信息，使系统由“灰”变“白”。其最大特点是对样本量没有严格的要求，不要求服从任何分布。灰色关联度便是灰色系统理论应用的主要方面之一。

（5）混合方法

混合方法是将几种方法混合使用的情况。每种方法都有自身的优点和缺点，他们适用的场合也并不完全相同，通过将具有同种性质综合评价方法组合在一起，就能够使各种方法的缺点得到弥补，而同时又具有各方法的优点（表 4-1）。

表 4-1　各种评价分析方法的比较

评价分析方法		特点
专家评分法		最大优点是在缺乏足够统计数据和原始资料的情况下，可以作出定量估价，具有使用简单、直观性强的特点
运筹学与其他数学方法	层次分析法（AHP）	①既有效地吸收了定性分析的结果，又发挥了定量分析的优势；既包含了主观的逻辑判断和分析，又依靠客观的精确计算和推演，从而使决策过程具有很强的条理性和科学性。②AHP 把问题看作一个系统，整个过程体现了分解、判断、综合的系统思维方式，也充分体现了辩证的系统思维原则
	模糊综合评判法	具有结果清晰，系统性强的特点，能较好地解决模糊的、难以量化的问题，适合各种非确定性问题的解决
	数据包络分析法（DEA）	①在处理多输入—多输出的有效性评价方面，DEA 具有绝对优势；②在实际应用中，投入指标和产出指标均有不同的量纲，但这并不构成使用 DEA 时的困难，决策单元的最优效率指标与投入指标值及产出指标值的量纲选取无关；③DEA 最突出的优点是无须任何权重假设，每一输入、输出的权重是由决策单元的实际数据求得的最优权重，排除了很多主观因素，具有很强的客观性

评价分析方法		特点
基于统计和经济的方法	TOPSIS评价法	对数据分布及样本量、指标多少无严格控制，数学计算也不复杂，其应用范围广，具有直观的几何意义；对原始数据的利用比较充分，信息损失少
	主次分析法	主次分析法是根据评价指标中存在一定相关性的特点，用较少的指标来代替原来较多的指标，并使这些较少的指标尽可能地反映原来指标的信息，从根本上解决指标间的信息重叠问题，又简化了原指标体系的指标结构
	费用效益法	运用经济数据比较分析，择优选取技术上先进、生产上可行、经济上合理的建设项目，可以更好地利用资源、发展经济
新型评价方法	人工神经网络评价法（ANN）	基于BP人工神经网络的综合评价方法具有运算速度快、问题求解效率高、自学习能力强、容错能力强等优点，较好地模拟了评价专家进行综合评价的过程，因而具有广阔的应用前景
	灰色综合评价法	计算简单，通俗易懂，数据不用进行归一化处理；无须大量样本，也不需经典的分布规律，只要具有代表性少量样本即可
混合方法		面对单一综合评价方法的不足，对两类方法做一综合，以实现二者的优势互补，得到更为合理、科学的评价结果

4.1.2　指标体系构建的原则

本书综合考虑各影响因素，以及各方法的优缺点，采用层次分析法（AHP）构建生态经济城市评价模型，并以此对珠江三角洲域进行实证研究。

生态经济城市是一个多目标、多层次、多功能的新型复合生态系统，其评价体系的构建需要使用尽可能少而精准的指标全面、科学地反映城市生态的本质特征。

生态经济城市评价指标的选取应遵循以下原则：

（1）实用性原则

评价指标是反映一个区域的资源和综合水平的重要依据，也是下一步制订生态经济工作计划的重要参考依据，因此，在设计上需要科学合理、实用性强，能真实反映具体情况，对于生态经济中的各种关系能准确地分析，结合生态环境、生态资源、人、经济、社会等方面的因素来考虑，使其满足生态经济的基本要求。

（2）系统性原则

生态经济由不同的方面组成，也有不同的发展层面，在评价指标的设计上需要从整体出发，对于整体的发展目标进行分析并分解成一个个小目标，从各个因素、各个层面反映出评价指标，体现生态经济的整体性和层次性，以免出现在评价指标设计上片面的现象。也就是将总系统划分为一个个子系统，从子系统的层面来确定具体指标，然后汇总到总系统中确定最后的量化指标。

（3）可行性原则

在评价指标的设计上应该通俗易懂，实际执行的时候，没有概念模糊或交叉的限制，指标的设计不一定限制个数，以用最少的指标评估最全面的生态经济为标准，不能追求某个点的发展而忽略了整个评价指标的可行性，尤其是对于区域生态经济评价指标来说，涉及的因素众多，也需要考虑多方面的影响，所以须保证评估指标的可行性。

（4）定量化原则

在评价指标的设计和描述上，应该符合定量化原则，在定性指标和定量指标的设计上有所体现，生态经济的评价指标中有的可以定量，有的却难以定量，一般都选择定性化的描述，但是定量化指标在考察上更便捷，结果更可靠。

（5）多样性原则

生态经济尽管是经济学上的问题，可是有生态环境的影响，也有人为因素的影响，就会有更为复杂的表现，生态环境本身就是一个动态的发展过程，所以在评价指标的设计上既要有反映生态经济现状的静态指标，也要有表示生态经济发展方向的动态指标，动态指标和静态指标共同作用反映了生态经济的评价指标的全面性。

4.1.3 考核与评价指标的选取与指标体系的构建

按照生态城市理论，围绕城市的经济、社会、环境三大子系统，将生态经济城市总指数（目标层）分解为生态经济、生态社会、生态环境三大准则层。准则层再逐层分解为相应的子准则层和可量化的指标层。该评价体系的四层结构由上至下针对性、可操作性递增，共同描摹了城市生态系统的结构、功能、协调性。

采用频度统计法与理论分析法来确立评价指标。首先，以生态环境部 2019 年印发的《国家生态文明建设示范市县建设指标》为基础，并对相关论文、研究报告进行频度统计，选取出现频率高的评价指标作为初步指标，再结合“研究部署国民经济和社会发展第十四个五年规划编制专题会议”中部署的主要战略目标，剔除有失独立性的指标，最终构建我国城市生态经济指标体系。

城市根据经济与环境发展水平的不同，可以分为经济好且环境好、经济好但环境差、经济差但环境好、经济差且环境差四大类。根据实际调研的安排，本书仅以“经济好且环境好”类的调研城市为例开展评价，其他类型的城市可以予以参考。该体系以建设生态经济城市为目标层，以生态经济、生态社会、生态环境为准则层，具体包含 25 项指标（表 4-2）。

表 4-2 我国城市生态经济考核与评价指标及其权重

目标层	准则层	子准则层	指标层	单位	权重	属性
城市生态经济体系	生态经济	经济水平	人均 GDP	万元/人	0.006 62	正
			城镇居民人均可支配收入	万元/人	0.021 88	正
			人均工业增加值	万元/人	0.012 04	正
		经济结构	第三产业 GDP 比重	%	0.017 71	正
			环保投资占 GDP 比重	%	0.053 11	正
		经济效率	单位 GDP 能耗	t 标煤/万元	0.022 54	负
			单位 GDP 水耗	t/万元	0.022 54	负
			碳排放强度	t/万元	0.099 78	负
			单位 GDP 建设用地使用面积下降率	%	0.040 74	正
	生态社会	居民生活质量	城镇化率	%	0.044 65	正
			恩格尔系数	%	0.014 88	负
		社会生态文明	居民家庭节水器具普及率	%	0.008 08	正
			绿色出行率	%	0.008 08	正

目标层	准则层	子准则层	指标层	单位	权重	属性
城市生态经济体系	生态社会	社会生态保障	生态文明建设工作占党政实绩考核比例	%	0.043 87	正
			环境损害责任追究制度	—	0.043 86	正
	生态环境	生活现状	城镇人均公园绿地面积	m^2/人	0.025 67	正
			主要河流断面优质水率	%	0.077 03	正
			环境空气质量优良率	%	0.077 03	正
		生态治理	城镇污水处理率	%	0.079 95	正
			城镇生活垃圾无害化处理率	%	0.079 95	正
			一般工业固体废物综合利用率	%	0.079 95	正
			突发生态环境事件应急管理机制	—	0.042 33	正
			应当实施强制性清洁生产企业通过审核的比例	%	0.025 16	正
		生态意识	公众对生态文明建设的参与度	%	0.017 52	正
			环保信息占政府公开信息比重	%	0.035 03	正

4.1.4 指标权重的确定

在相邻两层次之间，根据每个指标的相对重要性，构造两两指标比较的判断矩阵。本书参考以往学者的大量论文、研究报告，结合咨询专家、主观分析等多种方法将相对重要性量化为数值。为保证各判断的协调一致，我们对每一判断矩阵进行一致性检验。学术界通常采用检验系数 C_R 来判断矩阵的一致性。一般认为，若 $C_R<0.1$，则判断矩阵符合满意的一致性标准，否则需要重新调整判断矩阵的元素取值，不断修正判断矩阵直到检验通过。我们以 AHP 根法计算每一指标（或准则）对目标层的权重：

首先计算判断矩阵每一行元素的乘积，$M_i=\prod_{i=1}^{n}a_{ij}$，再计算 $W_i=\bar{W}_i=\sqrt{M_i}$，再对 $\bar{W}_i$ 做归一化处理，即计算 $W_i=\frac{\bar{W}_i}{\sum_{j=1}^{n}\bar{W}_j}$ 并以此作为第 i 项指标（或准则）对上

一层的权重。最后将某一指标对相应子准则层的权重，与子准则层对相应准则层的权重、准则层对目标层的权重累计相乘，即得该指标的综合权重（表 4-2）。

4.1.5　指标值的计算

为消除不同指标之间量纲的差异，需要对原始数据进行标准化处理，使之均在区间［0，1］内，从而具有可比性。对于正向指标，标准化公式为 $I'_{ij}=\dfrac{I_{ij}-\min(I_j)}{\max(I_j)-\min(I_j)}$。对于负向指标，标准化公式为 $I'_{ij}=1-\dfrac{I_{ij}-\min(I_j)}{\max(I_j)-\min(I_j)}$。式中，$I_{ij}$ 是第 i 个评价对象的第 j 项指标原始值，$\max(I_j)$、$\min(I_j)$分别表示所有评价对象第 j 项指标中的最大值和最小值。

在确立指标的权重、完成标准化操作后，本书采取加权求和模型由下至上逐层计算各层的综合指数。计算公式为 $U=\sum_{j=1}^{k}(W_j\times V_j)$。当 V_j 表示指标层第 j 项指标时，W_j、U 分别为该指标对子准则层的权重和子准则层的值。当 V_j 表示准则层第 j 项准则时，W_j、V 分别为该准则对目标层的权重和生态综合指数（ECI）。

4.1.6　评价结果分析

按照上述考核与评价体系，收集国民经济和社会发展统计年鉴、城市统计年鉴、城市建设统计年鉴、各地环境统计年鉴和各地环境质量公报等相关数据，对广州市、深圳市、东莞市、惠州市 4 个城市的城市生态经济水平进行对比评价，评价结果具体如表 4-3 所示。

表 4-3　城市生态经济水平对比评价结果

城市	生态经济指数	生态社会指数	生态环境指数	生态综合指数
广州市	0.194	0.084	0.270	0.548
深圳市	0.242	0.155	0.317	0.714
东莞市	0.182	0.054	0.194	0.430
惠州市	0.077	0.000	0.440	0.517

评价结果显示：

4 个城市的生态综合指数从高到低分别为深圳市＞广州市＞惠州市＞东莞市，其中深圳市处于生态建设较高水平，广州市、惠州市、东莞市处于生态建设一般水平（图 4-1、表 4-4）。

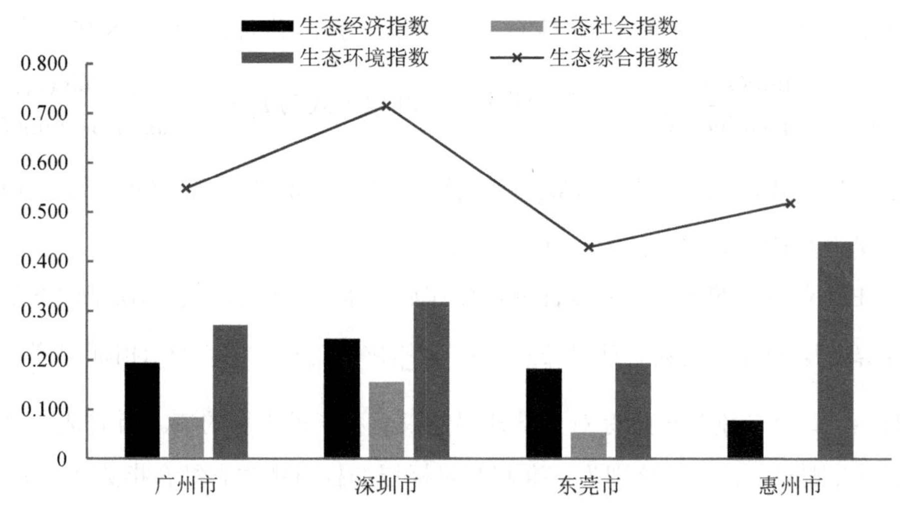

图 4-1 城市生态经济水平对比评价

表 4-4 生态城市综合指数分级标准

序号	生态综合指数	等级
1	0.716～1.000	生态建设水平很高
2	0.573～0.715	生态建设水平较高
3	0.430～0.572	生态建设水平一般
4	0.287～0.429	生态建设水平较低
5	0.000～0.286	生态建设水平很低

从生态经济指数角度来看，深圳市＞广州市＞东莞市＞惠州市；从生态社会指数角度来看，深圳市＞广州市＞东莞市＞惠州市，符合 4 个城市 GDP 发展的规律。从生态环境指数角度来看，惠州市＞深圳市＞广州市＞东莞市。

4.2 珠三角城市群典型城市案例分析

党的十八大报告指出，“建设生态文明，是关系人民福祉、关乎民族未来的长远大计”。生态文明建设已上升为重大国家战略。发展生态经济是国家落实生态文明建设战略的重要举措，也是新常态下经济社会发展的必然选择。目前，我国的生态经济尚处于探索、研究、试点的运筹启动阶段，虽然在部分地区取得了积极成效，但是在发展过程中仍存在众多问题和矛盾，也还未形成全区域性乃至全社会性的普遍的经济模式。

本书选择国家重大战略城市群——珠三角城市群中的广州市、深圳市、东莞市和惠州市进行调研分析，系统地了解生态经济建设基本情况，总结先进经验，以及存在的问题和矛盾，为研究生态经济体系提供参考。

4.2.1 广州市

4.2.1.1 广州市生态文明发展历程

广州，因水而城、以水而兴、借水而盛、依水而美。“六脉皆通海，青山半入城”——大自然的造化，成就了广州“山、水、城、田、海”的生态格局。但是这座古老而又年轻的城市，在推进社会主义现代化、全面发展经济的同时，给生态环境造成了污染与破坏。在此背景下，广州市及时果敢地打响了建设“适宜创业发展、适宜生活居住”生态城市的攻坚战，是以“生态优先”原则进行总体规划，按照城市生态环境和自然承载能力，进行城市建设规划与布局。

2003 年 3 月，《广州市生态城市规划纲要（2001—2020 年）》提出，广州将用 20 年左右的时间，率先在全国大城市中建成兼具岭南自然景观与人文景观及山水特色、最适宜人们创业发展和生活居住的区域性国际生态城市的目标；2009 年，广州市人民政府公布《广州市建设花园城市行动纲要（2009—2015 年）》，明确广州市将通过蓝天行动、碧水行动等十大行动，建设成生态特点和优势凸显、区域生态系统协调、环境质量优良、具有高度生态文明、人与自然和谐相处、以人为本、全面协调可持续发展的国家一流水平示范性宜居城市；2014 年 3 月，广东省环境保护厅、广东省财政厅印发《广东省排污权有偿使用和交易试点管理办法》。

2016 年 8 月，广州市人民政府印发《广州市生态文明建设规划纲要（2016—2020 年）》，明确生态安全、生态经济、生态环境、生态人居、生态文化、生态制度等方面建设的总体要求，指导全市生态文明建设。

2017 年，广州市人民政府发布《广州市城市环境总体规划（2014—2030 年）》，该规划成为指导广州市开展环境保护和生态城市建设的战略性、纲领性文件；同年 6 月，经国务院同意，中国人民银行等七部门正式批复《广东省广州市建设绿色金融改革创新试验区总体方案》，标志着广东以花都区为核心建设广州市绿色金融改革创新试验区（花都区）正式启动，成为全国首批七个碳排放权交易试点地区之一；2019 年，广州市黄埔区获得了环境目标任务考核全市第一名，目前该区正全力推进国家生态文明建设示范区建设；2020 年 10 月，黄埔区被授予“第四批国家生态文明建设示范市县”称号，是广州市首个获此殊荣的行政区。

广州市是全国最早制定地方性法规保护环境的城市，2019 年《广州市环境保护条例》完成历史使命后，新《广州市生态环境保护条例》于 2021 年 10 月通过市人民代表大会常务委员会审议，2022 年 1 月 16 日，由广东省第十三届人民代表大会常务委员会第三十九次会议批准，2022 年 6 月 5 日正式实施。该条例构筑了广州生态环境保护新体系，提出了广州生态环境工作新举措，培育了广州生态环境治理新模式。

2022 年 8 月，广州市人民政府印发《广州市生态文明建设“十四五”规划》（穗府办〔2022〕23 号），从“碳达峰与碳中和”、绿色低碳转型、美丽花城建设、资源利用效率、生态系统质量、绿色生活方式、体制机制改革 7 个方面提出规划目标和实现路径，为“十四五”期间广州市的生态文明建设作出详细部署。

广州市把践行生态优先绿色发展理念作为助推经济绿色转型，促进经济高质量发展的重要前提与强大动力，在环境保护和生态城市建设等方面取得了显著的成绩。

4.2.1.2　广州市生态经济体系建设的实现路径

（1）大力发展清洁生产与循环经济

2004 年 4 月，广州市市经委、市环保局、市科技局联合印发了《广州市清洁生产实施方案》，指导与促进全市调整产业结构、转变经济增长方式、实施可持续发展战略。2016 年 10 月，广州市工信委、市环保局印发了《广州市“十三五”绿色清洁生产工作推行方案》，目的在于全面推进绿色清洁生产，大力推动循环化改造。

2013 年 5 月，广州市政府发布《广州市循环经济发展规划（2012—2020）》，指导与推进建设资源节约型和环境友好型社会的进程。2016 年 2 月，广州市城市管理委员会印发《广州市循环经济产业园建设管理办法》，针对广州市以资源热力、电厂等生活垃圾处理设施为主的产业园规划以及项目引进、建设、运营和管理等活动进行规范管理。

2010 年 4 月，广州市政府发布《广州市再生资源回收利用管理规定》，2013 年 8 月，又发布《广州市人民政府办公厅关于推动“城市矿产”开发利用的若干意见》，加强广州市再生资源回收体系建设，明确回收种类、回收方式、回收规范、利用指引等内容。2014 年 12 月，发布《广州市再生资源回收指导目录》，进一步加强再生资源的分类指导，做好资源回收。

2017 年 4 月，广州市政府印发《广州市节能降碳第十三个五年规划（2016—2020 年）》，总体目标为：到“十三五”期末，广州市全市产业结构和能源消费结构进一步优化，能源利用效率继续提高，能源消费和碳排放总量得到有效控制，力争达到碳排放总量峰值，确保完成国家下达的目标任务。

2017 年 10 月，广州市办公厅印发《广州市能源发展第十三个五年规划（2016—2020 年）》，总体目标为：到“十三五”期末，广州市能源体系更加健全，能源管理更加科学，能源消费总量增长更加可控，能源结构更加优化，能源基础设施更加完善，能源安全保障基础更加巩固，能源产业更加丰富，着力打造清洁低碳、安全高效、开放融合的现代能源体系。

（2）大力发展绿色产业，促进产业转型升级

近年来，广州市出台了《中共广州市委、广州市人民政府关于进一步加强城市规划建设管理工作的实施意见》《广州市人民政府关于加快发展绿色建筑的通告》等文件，积极创建绿色节能建筑示范市，推动新建建筑全面执行绿色建筑标准，城市重要功能区的新建建筑力争达到绿色建筑国际先进标准。组织开展《广州市既有建筑绿色改造技术规程》《广州市绿色住区评价导则》《广州地区绿色建筑常用技术构造做法参考图集（建筑分册）》等技术指引的编制工作。

2012 年，广州市获批为全国低碳交通运输体系试点城市。2016 年，广州港获批为全国绿色港口主题性试点项目。广中江高速公路、港珠澳大桥主体工程岛隧工程、广佛肇高速公路肇庆段获批为绿色公路主题性试点项目；广州三汽等一批客货运输企业获批为天然气汽车主题性试点示范项目，绿色交通试点示范取得明显成效。

2017 年 9 月 7 日，“第三届珠三角城市群绿色低碳发展论坛”提出，广州将创建国家循环经济示范城市、国家森林城市、绿色节能建筑示范市。

广州市国家发展改革委于 2018 年 9 月 11 日印发了《广州市国家发展改革委关于公布实施广州市流溪河流域产业绿色发展规划的通知》（穗发改〔2018〕784 号），提出了《广州市流溪河流域产业绿色发展规划（2016—2025 年）》，力图在生态优先的原则下，围绕建设国际航运、航空、科技创新枢纽，深化枢纽型网络城市建设，引导产业集聚集群，加快产业高端化、绿色化发展，构建“一区五组团”空间格局。

2020 年 3 月，广州市发展改革委发布《关于开展广州市绿色产业企业名录库申报工作的通知》。拟建立的《广州市绿色产业企业名录库》，能够深入了解广州市绿色产业企业的情况，搭建绿色产业企业相互交流、供需对接的合作平台，促进广州市绿色产业的发展壮大，加快培育绿色发展新动能、实现高质量发展。

（3）积极创建绿色金融示范

2017 年 6 月，国务院常务会议决定，在广东等 5 省（区）建设绿色金融改革创新试验区。随后，中国人民银行等七部门联合发布的《广东省广州市建设绿色金融改革创新试验区总体方案》（银发〔2017〕154 号）明确提出，“建立绿色金融服务平台和备选项目库，定期开展新能源、新材料、绿色矿山、绿色建筑、公共建筑节能改造、节能环保等绿色企业和项目的遴选、认定和推荐工作，为入库项目和企业提供绿色项目债发行、绿色信贷支持、基金投资、上市融资等服务”。

2019 年 7 月，广州市人民政府办公厅发布《关于促进广州绿色金融改革创新发展的实施意见》，总结提升和复制推广广州市绿色金融改革创新试验区建设经验，促进全市绿色金融改革创新发展，推动绿色金融更好地服务于广州市高质量发展和粤港澳大湾区战略。该文件要求，深化绿色金融改革创新、落实重点工作任务、发挥粤港澳大湾区绿色金融示范引领作用、加强绿色金融风险防范和完善保障措施。2019 年 9 月，广州市花都区人民政府印发了《广东省广州市绿色金融改革创新试验区绿色企业、绿色项目认定管理办法（试行）》。

2020 年 3 月，中共中央办公厅、国务院办公厅印发《关于构建现代环境治理体系的指导意见》，指出“开展排污权交易，研究探索对排污权交易进行抵质押融资”。2020 年 3 月 31 日，广东省首批排污权质押融资项目在广州市黄埔区、开发区中新广州发放，企业获得融资 200 亿元，完成质押融资 4 000 万元。排污权质押融资一方面能有效帮助企业盘活合法拥有的环境权益资产，降低企业的融资成本，缓解融资难、融资贵的问题；另一方面有利于进一步控制污染排放，促进产业转型升级，推动经济可持续发展和生态文明建设纵深发展，探索实体经济、社会资本和生态协调发展的新路径。

2022 年 7 月，广东省人民政府办公厅印发《广东省发展绿色金融支持碳达峰行动的实施方案》，提出到 2025 年，与“碳达峰”相适应的绿色金融服务体系基本建立，重点领域绿色金融标准基本完善，风险控制体系不断健全，到 2030 年绿色金融服务体系持续优化，绿色信贷占全部贷款余额的比重达 10%左右，多样化的绿色金融产品与衍生工具不断创新丰富，生态产品价值实现与交易体系不断完善，碳金融市场有效运转；2030年前支持广东省“碳达峰”目标顺利实现的目标要求。

（4）其他方面

广州市黄埔区在推进生态经济建设方面，对入园企业采取“信用审批制度”。对大型知名信用度高的企业，可以采用信用担保方式，允许企业边办手续边建设，为其开启绿色通道，且加强审批过程中对企业信用度的监管，以保证审批流程顺利开展。

4.2.2 深圳市

4.2.2.1 深圳市生态文明建设主要历程

深圳市在大力发展经济的同时，一直倾力加强生态环境保护，稳步向生态文明城市目标迈进，为全面建设生态文明示范市打下了坚实的基础。2006年印发实施了《深圳生态市建设规划》；2007年以“一号文件”印发了《关于加强环境保护建设生态市的决定》，确定了“生态立市”城市发展战略；2008年出台了《深圳生态文明建设行动纲领（2008—2010）》和9个配套文件及生态文明建设系列工程，指导全市生态文明建设；2014年，市委、市政府出台《关于推进生态文明、建设美丽深圳的决定》和实施方案，明确了城市建设国家生态文明建设示范市、美丽中国典范城市的奋斗目标。

自2004年起，深圳市开始全面系统的大气污染治理进程，先后推出“蓝天行动计划”“大气深40条”等系列治理措施。在地区生产总值较2004年增长近5.2倍、机动车数量增长5倍、人口增加1倍的情况下，深圳市的$PM_{2.5}$年均浓度从2004年的70 $\mu g/m^3$降至2018年的26 $\mu g/m^3$。

深圳市委、市政府始终高度重视生态文明建设，始终把生态文明建设放在深圳市发展全局的优先位置来谋划和推动，出台了“大气质量提升40条”“水环境治理40条”“土壤质量提升40条”、《深圳市打好污染防治攻坚战三年行动方案（2018—2020年）》等一系列政策文件和行动计划，形成涵盖大气、水、土壤等领域保护和治理的政策措施体系。特别是，针对生态环境承载力和社会治理支撑力相对不足等制约城市长远发展的重大问题，出台了《深圳市可持续发展规划（2017—2030年）》，获国务院批准成为全国首批可持续发展议程创新示范区，努力探索经济、社会与环境协调并进的可持续发展之路。

2013年，深圳市在已开展6年环保工作实绩考核的基础上，在全国率先启动了生态文明建设考核，并将其作为全市保留“一票否决”考核事项的6项考核之一，有效地推动了深圳市生态文明建设工作。生态文明建设考核、领导干部生态审计等生态文明体制改革经验，得到中央深改组认可，在全省推广。大鹏新区成为全国生态文明建设试点，东部湾区（盐田、大鹏）被列为第二批国家生态文明先行示范区。盐田、罗湖、坪山和大鹏新区4个区被命名为“国家生态文明建设示范区”，深圳市成为示范区（县）最多的城市。2022年11月，光明区生态环境保护委员会办公室荣获“中国生态文明奖”，龙岗区获评“绿水青山就是金山银山”实践创新基地。

深圳市不断加强环保立法工作。《深圳经济特区生态环境保护条例》于2021年6月29日经深圳市第七届人民代表大会常务委员会第二次会议通过，自2021年9月1日起正式实施。该条例是我国首个生态环境保护全链条立法，将“碳达峰、碳中和”纳入生态环境建设整体布局，授权市政府制定重点行业碳排放强度标准，并将碳排放强度超标的建设项目纳入行业准入负面清单。

深圳市在自然生态文明建设上下足功夫，2018年10月15日，深圳“创森”历时三年成功，正式获批“国家森林城市”称号，深圳市拥有全国最多的免费公园。根据规划，到2020年，深圳市公园总数将超过1 000个，基本上建成公园之城。

2022年2月，《“美丽中国，我是行动者”深圳市提升公民生态文明意识行动计划（2021—2025年）》正式发布。这是全国首个地级市“美丽中国，我是行动者”行动计划，深圳市以先行示范的姿态开启2022年的生态文明建设新篇章。

4.2.2.2 深圳市生态经济体系建设的实现路径

（1）加强生态经济协调发展顶层设计

党的十八大以来，深圳市明确提出建设“美丽深圳”，将“在生态文明建设上先行示范”作为城市发展路径，全面打响污染防治攻坚战，生态环境保护进入重视程度最高、推进力度最大、生态环境质量改善最快的时期。

2013年，深圳市将“环境保护实绩考核”升级为“生态文明建设考核”，创新推出“双排名”制度，压紧压实生态环境保护“党政同责、一岗双责”；2014年，深圳以大鹏新区为试点，编制完成了我国第一个县区级自然资源资产负债表，在全国率先对领导干部自然资源履职情况进行审计，并建立生态环境损害责任终身追究制。在监管方面，深圳在市级层面设立“环保警察”，建立健全“两法衔接”机制、环境公益诉讼制度和生态环境损害赔偿制度，严惩各类生态环境违法行为。

深圳市始终坚持把绿色低碳发展融入规划布局、环境营造、产业集聚等方面，持续推动城市可持续发展。深圳市地区生产总值从1979年不足2亿元跃升至2021年近3.07万亿元，人均地区生产总值居全国第一，在经济高速发展的同时，绿色发展指数位列广东省第一，主要污染物减排连续多年超额完成任务。“青山绿水、蓝天白云”已成为深圳这座全球知名创新城市值得骄傲的一张“新名片”。

（2）推进绿色低碳发展

2012年8月，深圳国际低碳城启动区项目启动仪式举行，标志着作为中欧可持续城镇化合作旗舰项目的深圳国际低碳城开发建设正式拉开序幕。2013年6月，深圳在全国率先启动碳排放权交易，深圳碳交易平台启动后，进行了大量创新。2014年5月，平台推行全国首单“碳债券”；9月，成为全国首家向境外投资者开放的碳交易平台；10月，启动全国首个私募碳基金；11月，落地全国首笔绿色结构性存款。目前，深圳碳市场纳入管控企业达721家，覆盖制造业、电力、水务、地铁等31个行业，呈现市场流动性高、减排成效显著等亮点。同时从2013年起，深圳率先全面实现绿色低碳标准，率先在新建建筑中全面推行强制性绿色建筑标准。此外，深圳先后制定并通过了《深圳经济特区碳排放若干管理规定》《深圳碳排放权交易暂行办法》，形成了既有人大决定又有政府规章的完整制度体系。

作为国家创新型城市和自主创新示范区，深圳市坚持把创新作为城市发展的主导战略，持续推进产业转型升级，构建低消耗、低排放的现代产业体系。深圳大力发展新能源、节能环保等战略性新兴产业，前瞻布局生命健康、航空航天、机器人等未来产业，服装、家具、黄金珠宝等传统产业加速向价值链高端提升。同时加快淘汰低端落后企业，强制关停重污染企业，推进企业实施清洁生产审核以及雨水利用、中水利用等工程，城市再生水利用率达到67%。

深圳在绿色化发展的路径上注重规划引领，构建绿色低碳发展的城市格局。深圳2021年公布清洁能源占能源消费的比重超过60%，推动清洁能源成为能源增量主体。

（3）大力推广循环经济、促进节能减排

2006年，深圳市人民代表大会常务委员会颁布《深圳经济特区循环经济促进条例》；2007年，深圳市入选第二批国家循环经济试点城市；2008年，深圳市人民政府发布《深圳市节能减排综合性实施方案》，方案明确了深圳市节能减排目标和具体的节能减排措施；2009年深圳市将原绿色人居协会更名为深圳市循环经济协会，同时建成深圳市循环经济信息化服务平台，该平台提供了循环经济选相关产品或服务的供求信息，为深圳市推动循环经济的发展起到了积极促进作用。

2010—2015年，深圳市在保持经济中高速增长的同时，万元地区生产总值的能耗、水耗累计分别下降 19.5%和 44.7%；化学需氧量、氨氮、二氧化硫和氮氧化物的排放累计分别下降 45.8%、37%、43.5%和 23.8%；深圳市 $PM_{2.5}$ 平均浓度降低了 15%以上；空气质量居中国内地大城市最优水平。

2016年11月，深圳市发展改革委发布《深圳市循环经济“十三五”规划》，规划明确了“十三五”时期的主要任务：加快转型升级，构建工业循环体系；推进绿色服务，构建服务业循环体系；引导绿色消费，构建社会循环体系；实施创新驱动，构建循环经济支撑体系。

此外，为充分发挥财政资金的引导作用，积极推进全市循环经济与节能减排工作，实现绿色发展、低碳发展、循环发展目标，深圳市推出了循环经济与节能减排专项资金扶持计划，计划明确了重点扶持领域与扶持专项，在深圳市节能减排以及发展循环经济方面起到了强有力的推动引领作用。

（4）坚持走可持续发展道路

在深圳市，“环保一票否决权”从建市之初就开始执行了。深圳市明确规定：“凡对环境有影响的项目，必须先经过环保审批，才能办理工商登记。”从 20 世纪 90 年代，深圳市政府每半年就要将最新的《投资导向目录》和“环境保护限制发展项目清单”一起发布，严格将重污染项目拒之门外。

2018 年 2 月，国务院正式批复同意深圳市建设国家可持续发展议程创新示范区。同年 3 月，深圳市召开“建设国家可持续发展议程创新示范区推进会”，举行了“深圳市建设国家可持续发展议程创新示范区”启动仪式。2019 年深圳发布建设国家可持续发展议程创新示范区“成绩单”，低碳综合指数全国排名第一。

2019 年 1 月，深圳市政府举办了“落实 2030 年可持续发展议程论坛（中国・深圳）”，论坛发布了《深圳可持续发展综合评价体系研究》报告，并揭牌成立深圳可持续发展研究院，在可持续发展的理论、政策、产业、技术、人才 5 个方面开展系统性研究。

此外，根据《深圳市可持续发展规划（2017—2030 年）》和《深圳市国家可持续发展议程创新示范区建设方案（2017—2020 年）》，到 2020 年，深圳将力争建成国家可持续发展议程创新示范区的典范城市；到 2025 年，成为可持续发展国际先进城市。

（5）深圳港打造绿色低碳港口

深圳港作为世界第三大集装箱港口，大胆探索，积极作为，控制港口船舶污染，建设绿色低碳港口，取得一系列明显的成效，打造了绿色港口的发展典范。

2014 年，广东省出台了《广东省绿色港口行动计划》，其重点任务表中将深圳港口列为重点推广船舶岸电的应用单位。靠港船舶在接用岸电后，可在靠港期间关闭辅机，依靠岸电系统提供的电力来满足船舶靠港期间的用电需求，从而减少二氧化碳的排放。深圳港岸电建设和使用居全国沿海港首位。截至 2018 年 7 月，深圳港已建成覆盖 25 个大型泊位共计 14 套岸电设施，位居全国第一。

2015 年，深圳市在国内率先出台“绿色航运”补贴政策，每年投入补贴 2 亿元用于绿色港口建设，先后出台了《深圳市港口、船舶岸电设施和船用低硫油补贴资金管理暂行办法》和《深圳市港口、船舶岸电设施和船用低硫油补贴实施细则》等文件，对岸电建设使用和自愿转用低硫油进行财政补贴，引导企业落实节能减排项目。同年 3 月，深圳市率先制定并发布内地第一个船舶排放控制环保公约《深圳港绿色公约》，号召挂靠深圳港的船公司和深圳市港口企业自愿加入该公约，并承诺船舶在靠泊期间转用低硫油。从 2015 年 3 月实施至 2019 年 6 月，累计发放船用低硫油补贴 8 329.11 万元。

2016 年 5 月，深圳市政府出台了绿色港口建设的指导性文件《深圳市绿色低碳港口建设五年行动方案（2016—2020 年）》，制定了深圳港绿色港口建设目标：到 2020 年年底，港口生产作业单位集装箱吞吐量综合能耗较 2015 年下降 5%，港口生产作业单位集装箱吞吐量碳排放较 2015 年下降 4%，船舶靠泊期间硫氧化物、氮氧化物、颗粒物与 2015 年相比分别下降 75%、20%、40%。

4.2.3 东莞市

4.2.3.1 东莞市生态文明发展历程

东莞是广东省地级市、国务院批复确定的中国珠江三角洲东岸中心城市。东莞位于中国华南地区、广东省中南部、珠江口东岸，是珠江三角洲中心城市之一、粤港澳大湾区城市之一、深圳都市圈城市之一、为“广东四小虎”之首，号称“世界工厂”，是广东重要的交通枢纽和外贸口岸，也是全国 4 个不设区的地级市之一、新一线城市之一。

东莞市是广东省珠江三角洲的一座新兴工业城市，经济综合实力位居全国地级市前列。在注重发展经济的同时，东莞市始终把生态建设列入城市发展战略的重要内容，牢固树立“环境取胜、以绿为魂”的城市理念，坚定不移地走经济与环境相协调、人与自然相和谐的可持续发展道路。东莞市从实际出发，科学规划城市发展蓝图，提出建设“现代制造业名城、创新创业热土、宜居生态城市、和谐幸福家园”的战略目标，把生态建设和经济建设放在同等重要位置，全力打造独具岭南特色的山水城市。

东莞市是首批通过全国水生态文明建设试点验收城市，在“中国城市绿色竞争力排名 TOP100”排名第 11 位，此外还获得“国际花园城市”“国家园林城市”“广东省林业生态市”等称号。2021 年 10 月，东莞市被授予“第五批国家生态文明建设示范市县”称号。

东莞市积极推进生态文明行为立法工作，于 2022 年组织编制了《东莞市文明行为促进条例（草案）》。

4.2.3.2 东莞市产业结构发展特点

“十二五”时期以来，东莞市政府相继作出加快环保产业发展、调整经济结构、转变经济发展模式等一系列决策部署，东莞市环保产业进入一个新的发展阶段，产业规模进一步扩大，产值成倍增长，产业结构持续优化升级。在水、大气、固体废物处理处置等环保重点领域，形成了具有东莞特色的环保产业体系。

（1）产业规模进一步扩大

2011—2018 年，东莞市环保产业发展迅猛，产业规模进一步扩大。从产值上看，2018 年东莞市环保产业 509 家企业产值为 70.6 亿元。其中环境保护服务类企业产值达到 54.9 亿元，相较 2011 年《东莞市环保产业调查报告》显示的 11.1 亿元，增加了约 4 倍；环境保护装备制造类企业产值为 15.7 亿元，相较 2011 年 0.5 亿元规模增长巨大。目前东莞市环保企业主要集中在环境保护服务业，并集中在水、大气、固体废物、土壤等污染治理领域，部分企业同时从事多个领域的活动。

（2）产业结构持续优化升级

近年来，东莞市环保全面推进产业转型，完善行业标准，规范产业市场，产业结构持续优化升级。2018 年，东莞市环保产业年产值在 3 000 万元以上的企业有 23 家，占企业总量的 4.5%，相较 2011 年规模以上企业 5 家，占总量的 0.8%，数量和比重都呈明显上升趋势，发展势头良好。23 家规模以上环保企业中，环境保护服务企业 17 家，环境保护装备制造企业 6 家；年产值在 1 亿元以上企业 5 家，占企业总量的 1%，其中环境保护服务企业 4 家，环境保护装备制造企业 1 家，而 2011 年产值超过 3 000 万元的环境服务业的企业仅有 3 家，没有超过亿元的企业。在环保产业中，资本技术密集程度高，利润水平高的环境保护服务业所占比重有所提升，产业内部结构合理性有所改善，系统化、多功能、全方位的环保服务队伍逐渐形成。

（3）镇街产业特色鲜明

经过近几年的发展，东莞市各镇街初步形成了各具特色的环保产业。南城、东城环境保护服务业以环境咨询和环保工程服务为主。松山湖作为新兴的高新技术开发区，借助自身科技资金等优势，大力开展环保技术研发，汇集各地先进水处理技术、优秀水处理人才、高端水处理企业和优质水处理资本，已形成集水处理上下游于一体的完整产业链。麻涌、长安、虎门、沙田、常平、大朗、中堂各镇也布局有特色鲜明的环保专业基地。

4.2.3.3 东莞市生态经济体系建设的实现路径

（1）加强规划引领，构建生态经济体系

优化产业空间格局，大力发展战略性新兴产业，提升现代服务业发展水平。一是 2018 年 9 月印发实施《东莞市招商引资产业指导目录（2018 年版）》，提出引导发展先进制造业、战略性新兴产业、现代服务业和传统优势产业。持续优化产业结构，进一步优化调整东莞市产业发展目录，不断提高产业本地配套率，完善配套政策，坚决管控涉水排污企业的新增量，调整和优化存量排污企业。二是2020年3月印发实施《东莞市现代产业体系中长期发展规划纲要(2020—2035)》，提出谋划全市新兴产业、现代服务业、未来产业、传统优势产业的发展路线。其中，在加快发展现代服务业方面，提出重点发展节能环保领域，谋划建设以节能技改、循环化改造、清洁生产审核、能源审计、节能评估等为主体的节能环保与循环经济服务体系。

（2）压减煤炭消费量，优化能源结构

自2018年4月以来，根据国家、省、市蓝天保卫战工作部署，东莞市全面推进煤炭消费减量和自备电厂煤改气工作，主动谋划、制订方案、落实措施、督促推动镇街和企业严格落实煤炭消费控制指标和加快自备电厂煤改气工作。东莞市印发了《东莞市煤炭消费减量和燃煤自备电厂煤改气工作实施方案》，将全市煤炭总量按镇街（园区）进行分解，以推进自备电厂煤改气和沙角电厂退役、加快天然气热电联产集中供热重点项目建设为主要抓手推进逐年压减煤炭消费总量工作。2018年压减煤炭消费量138万t，2019年压减煤炭消费量150万t。全市21家自备电厂已有两家关停退出，其余19家企业中4家采用集中供热改造，7家采用改建燃气锅炉，7家采用新建分布式能源站，1家实施“三旧”改造。目前剩余的17家煤改气项目全部开工建设。

（3）落实能耗“双控”工作，推进绿色制造

一是制定《东莞市能源消费总量控制工作实施方案》，全面完成能耗“双控”控制目标。二是落实固定资产项目节能审查制度，规范节能审查流程，把好项目用能准入关。三是扎实落实节能目标责任考核，制订年度镇街节能考核工作方案，开展重点用能单位节能目标责任考核，对镇街、重点用能单位能耗“双控”落实情况进行考核。四是强力推进工业节能，开展节能诊断，发挥节能专项资金引导作用，支持节能技术改造、高效电机推广、能源管理中心等项目。

（4）推进新能源汽车发展，推动绿色生产生活

充分发挥新能源汽车推广应用对带动产业发展、促进节能减排、优化能源消费结构的重要作用，研究起草加快充电基础设施建设布局、新能源汽车推广应用

资金管理办法、电动汽车充电设施建设运营、物流快递领域车辆纯电动化发展实施方案等一系列政策文件，完善新能源汽车推广应用以及充电基础设施建设政策环境，持续不断地推进电动汽车充电设施建设用电报装、设计、施工等工作，扩大公共服务领域新能源汽车应用规模。截至2019年年底，东莞市已建成充电站超145座、充电桩超2 600个，其中纯电动公交充电设施超1 000个。

（5）推进资源节约高效利用，促进循环发展

推进海心沙资源循环利用基地建设，推进东莞松山湖高新技术产业开发区和水系新城开发区园区循环化改造，建设餐厨废弃物资源化利用和无害化处理试点城市，推动污水处理厂产生的污泥处置项目建设，推动松山湖高新技术产业区和水乡新城开发区申报绿色产业示范基地，以示范项目带动生态经济的发展。

2019年11月5日，中汇（东莞）循环经济示范利用中心启动仪式暨玖龙诚正·中南环保战略合作签约仪式在道滘举行。这也是东莞首个垃圾分类、再生资源回收和固体废物综合利用中心，为东莞垃圾分类处置、再生资源循环利用、固体废物综合治理的规范化管理及利用迈出了坚实的第一步。

（6）实行绿色供应链试点

绿色供应链就是将生态环境保护要求融入供应链管理工作，通过对全链条及产品全生命周期进行绿色化管理，推动全产业链绿色发展的模式。

2015年12月，经环境保护部批复同意，东莞市成为全国首个绿色供应链管理试点城市。2016年6月，东莞市出台《东莞市绿色供应链管理试点工作方案》，经过不断摸索实践，试点工作取得了显著成效。

首次推出绿色供应链东莞指数体系。按照市场化机制和国际标准，在粤港澳大湾区首次推出绿色供应链管理评价导则——“东莞指数”，对企业基础管理、绿色设计、绿色采购、绿色生产、绿色物流、绿色消费与回收等产品的全生命周期提出了评价标准。经两批试点企业测试及专家评审会研究，目前“东莞指数”已具备较强的科学性和可行性，2018年年底已被广东省绿色供应链协会采用，在全国团体标准信息平台备案，并在协会会员中推广使用，具有积极的指导意义。

开展重点行业绿色供应链管理试点示范。以龙头企业为核心，构建“分局推荐—集中培训—自我完善—现场评价—反馈提升”的试点体系，推动企业绿色供应链管理体系建设，有力地提升了参与企业在环保、节能与低碳方面的行为意识和管理水平。东莞市结合环保整治工作重点，先后选取 66 家企业作为试点示范，涵盖家具、制鞋、电子、机械制造及零售服务业，共开展相关培训 8 次，评选出 4 家五星级企业、16 家四星级企业。

试行推进实施政府绿色采购制度。拟从消费环节着手，推进政府绿色采购制度，在一定程度上发挥正向作用，对供应商的行为起到一定的约束力，为企业形成可持续的环境保护行为提供内在的动力。同时，配套完善相关的审批监督机制，确保政府绿色采购政策落到实处。以政府示范为引导，带动、引领工业生产领域和社会消费各层面践行绿色生产、绿色消费。配套出台资金扶持政策。东莞市研究制定资金扶持政策，对实施绿色供应链管理制度、建立绿色供应链管理体系、参与绿色供应链“东莞指数”评价、并获得四星等级以上评价的企业，一次性给予 10 万～15 万元财政补助，鼓励和提高企业参与的积极性。

构建绿色供应链管理综合服务平台。加快推进绿色供应链管理服务平台建设，具体承接相关管理、服务等职能。以平台为依托，加强与国际相关机构的沟通协调，畅通国际交流渠道。

（7）生态产业化方面

1）建设“生态绿城”

自改革开放至 20 世纪末，东莞从一个典型的珠江三角洲农业县迅速变身为“世界工厂”，经济迅速发展的同时伴随着对生态环境的污染与破坏，钱袋子鼓起来的同时碧水蓝天却消失了。因此，1999 年，东莞率先在广东省作出“停止营利性森林采伐，全面建设生态林业”的重大决定；2003 年，东莞开启了一场以“建城、修路、整山、治水”为重点的“生态绿城”建设。

为了“让森林走进城市，让城市拥抱森林”，东莞一方面以“加法”打造生态经济新板块。例如，以良好生态闻名的 72 km^2 的松山湖科技产业园区横空出世；

又如，东莞生态园通过生态修复，由昔日污水汇集、垃圾堆积的发展边缘区转变成为以城市湿地为特色的广东首批省级循环经济工业园区，并于2012年申报国家城市湿地公园。另一方面，以“减法”从决策源头保护林业生态空间。东莞于2006年率先启动规划生态控制线编制工作，运用“反规划”理念，对不建设区域进行控制，出台了《东莞市域生态控制线规划》《东莞市生态控制线管理规定》，全力打造“三轴、四廊、三区、多节点串联”的生态景观格局，划定了占全市土地面积44.7%的市域生态线范围，全部林地纳入生态控制线范畴。而对于生态功能保护区和禁止开发区，东莞则实施强制性保护。

东莞市以机制创新点燃林业加速引擎。随着东莞经济社会的高速发展，机制不活、动力不足、效益不高等问题成为制约林业发展的“瓶颈”。在林业方面，林业生产力对林业生产关系提出了全新的要求。为此，东莞依靠林业机制改革，走出了一条经济环境和谐发展、林业资源合理利用、城市生态良性循环的发展道路。一是实施国有林场改革。2009年，东莞率先完成了森林公园和林场合并的“场园合一”改革，开创了全省国有林场转为财政核拨事业单位的先河，实现了国有林场从森林商品经营转变为以生态保护为主的生态经营，从林业资源管理转变为服务市民为主的生态旅游管理的“双转变”。2011年，东莞以“明晰产权、规模经营、生态补偿、按股分利”为林改方针，全面完成集体林权制度改革。在改革过程中，针对各村（社区）的实际情况，形成了政府统一管理、统一经营、集体承包、股份合作4种侧重点有所不同的模式，摸索出一套“莞版林改”的道路，实现了“农民得实惠、生态得保护、林业得发展”的林改目标，走出了一条东莞特色的林改之路，成为广东省唯一荣获“林改先进典型”的地级市。

此外，东莞市以惠民为本推动森林公园建设。随着物质生活水平的提升，人民群众对森林生态旅游产生了需求。为了让更多的市民共同分享生态资源，东莞着力推进森林公园建设。如今，森林公园作为东莞一张亮丽的生态名片，获得了人民群众的广泛认可。建成的森林公园全部免费开放，2014年迎客量达1 750万人次，为市民休闲度假、观光游览、回归自然等提供了良好平台。作为东莞的“城市绿肺”，森林公园在降低城市空气污染、净化空气、调节气候等方面发挥了显著作用。同时，东莞还出台了镇村森林公园补贴政策，市财政给予镇村森林公园基础设施补贴达 5.4 万元/hm^2。结合生态补偿政策，东莞集中林地建设森林公园已具备了有利条件。2018 年东莞市完成了《东莞市森林小镇建设总体规划》的编制。规划明确了目标：到 2020 年，全市建成 20 个森林公园、25 个湿地公园、14 个以上森林小镇，基本形成“城市绿带、镇村绿景、山区绿屏、水乡绿网”的林业布局。

2）长安镇打造茅洲河生态经济长廊

东莞市长安镇打造“生态赋能智造长安”茅洲河生态经济长廊。2020 年，长安镇正式启动了“绿道之城”建设，实施“通山达海、山水环城、平安彩廊、近水亲园”四大工程，带动全镇近百公里的绿道建设，形成“绿道”和“碧道”交相呼应的生态廊道，重塑城镇山水格局，全面提升长安生态环境品质。

长安镇将全面提升茅洲河沿岸文化品质、景观特色及经济附加值，为茅洲河沿岸的发展赋能，着力在茅洲河沿岸打造 3 个特色：一是打造智造长廊，在茅洲河沿岸集聚一批优秀的智造企业，并以茅洲河工业文明展示馆为龙头，沿河打造一批科技体验馆、企业智能空间等，串联成长安智造体验带。二是打造绿色长廊，结合“绿道之城”的战略部署，推动茅洲河九大主题公园投入使用，形成依山傍水的生态文明观光带，推动生态文明成果为智造长安赋能。三是打造文明长廊，打造一批高品质的莲花山下公共文化服务空间，按照“N+1”模式进行规划建设，即 N 个特色空间，1 套标准化的高品质便民设施，多角度展示长安精神文明建设成果，形成现代都市文明体验服务带。

3）生态修复

①生态修复相关规划或方案。

2013 年，《东莞市南粤水更清行动计划（2013—2020 年）实施方案》正式印发实施。根据方案，将以“一年新进展，三年新突破，八年水更清”的目标，在未来 8 年内推进 7 大工程、576 项子工程，确保全市水环境得到持续改善，修复水乡生态。

2015 年东莞市环境保护局发布了《关于印发〈东莞水乡特色发展经济区生态环境规划（2015—2030）〉的通知》。规划明确，未来 15 年内，东莞将投资约 610 亿元，实施包括水环境治理与水生态修复工程、区域大气污染防控工程、固体废物污染防治工程、土壤污染防治工程、生态保护与建设工程在内的多项重点工程，保护水乡经济区的生态环境。

2017 年，东莞市生态环境局发布了《关于印发〈东莞市重污染河涌综合整治工作方案〉的通知》，方案中提出了完成 44 条重污染河涌消除黑臭任务，明确了对东城黄沙河（同沙段）等 30 条河流进行统一的招标完成生态修复任务。

2018 年，东莞市生态环境保护大会暨污染防治攻坚战现场推进会发布了《关于印发〈东莞市打好污染防治攻坚战三年行动计划（2018—2020 年）〉（征求意见稿）的通知》，在该行动计划中，东莞市明确了因地制宜实施生态修复工程，全面推进黑臭水体整治的目标。

2019 年，东莞市自然资源局发布了《东莞市中堂镇近期建设规划（2017—2020 年）》的批后公告，中堂镇在该规划中提出将打造水乡地区生态修复的样本。

2019 在中国北京世界园艺博览会中举行了“东莞主题日”活动。该活动以水生态修复与治理为主要内容，向世界展示了东莞市良好的城市形象。

②东莞市麻涌镇生态修复引领生态转型发展。

麻涌镇位于广东省东莞市西北部，地处珠江口北部东岸珠江三角洲冲积平原地带。转型前的麻涌，地区发展呈现“碎片化”特征，传统发展模式弊端凸显，不仅导致地区发展滞后、民生薄弱、污染集聚，也面临着周边地区的激烈竞争。

在环境层面：环境治理问题突出，节能减排降耗任务重。麻涌镇的工业以造纸、纺织、化工、炼油为主，这些企业污染严重、治理能力差，导致城镇环境质量不断下降。由于麻涌镇河网遍布的特点，空气环境和水环境均受到了较大污染，转型前大部分河涌水质为Ⅳ～劣Ⅴ类，水体黑臭现象广泛存在，水环境问题十分突出。土地要素供给紧张，集约利用水平不高。在产业层面：农业产出率低，农民创收渠道少。麻涌镇的农业主要以香蕉种植为主，因水体污染、香蕉黄叶病发病率高，农民种植生产积极性不高，造成大面积农地丢荒失管。工业能耗大，创新能力弱。麻涌镇占地多，能耗高、污染大的产业产值约占全镇规模以上工业总产值的75%，大部分发展方式仍比较粗放、处于价值链中低端环节，工业增加值率较低。

近年来，麻涌镇紧紧把握建设东莞水乡特色发展经济区和穗莞合作的战略机遇，围绕建设“都市田园、美丽麻涌”的总目标，按照“治污促转型、拆旧求发展”的工作思路，促进全镇产业大升级、城镇大提升和生态经济大发展，推动全镇经济社会大跨越。

麻涌镇生态修复以河涌整治与湿地修复为主。随着麻涌镇社会经济以及人口的发展，由于土地开发利用的需要，许多河段都经过改造，河涌不断堵塞和淤积。加上水环境污染日趋严重，水浮莲等水生植物大量繁殖，部分主要河涌无法满足当前的排涝要求，急需进行清淤整治。全面开展河道清淤，有利于增强河道的引、排、蓄、供等功能，有利于改善水环境质量，更加有利于改善社会环境和推动麻涌镇的城市化建设。麻涌镇主要河涌需要清淤的河道总长度为15 051 m。2015年，重点整治新基村、东太村、大步村水系。2016年，重点推进麻一村、麻二村、麻三村内河涌全面截污、清淤、生态治理，重现麻涌古梅乡韵特色。改造前在华阳湖湿地公园一带遍布化工、电镀、造纸、洗水漂染等传统工业，畜禽养殖场、窝棚错落其中，河水发黑发臭。自2013年以来，麻涌加大水环境治理力度，成功打造华阳湖国家级湿地公园，主要环境治理措施包括“截污、引退、清淤、活源、治堤、修复”等。麻涌镇投资建设生活污水处理厂及30多km截污主干管网，关闭污染企业近70家，大大减少工业水体污染。清理养猪场、家禽场共200余个，减少畜禽养殖对水体的污染。华阳湖及周边河涌共清淤165万m^3，清理表层浮土垃圾、杂草及漂浮植物22万m^2。通过种植对污染物吸收能力强且耐受性好的开花水草，以吸附和降解水体中的污染物，从而将水体中污染物去除或固定，达到水体修复的目的。同时，通过投放水生动物，构建良好的水生动物生态系统来改善水质。建成后的华阳湖国家湿地公园，集观光游览、休闲度假、参与体验、科普认知和城市生态功能保障等多功能于一体，独具水乡特色。

4）生态旅游

①塘厦镇打造宜商宜居的绿色生态旅游名镇。

塘厦镇位于东莞市东南部，地处广州—深圳—香港经济大走廊的黄金地段和“莞深港 1 小时生活圈”的核心地带，是东莞东南部重要的交通枢纽、东莞东南部区域中心、东莞城市副中心之一。塘厦镇占地 128 km^2，四面环山，峰峦叠翠，自然风光优美，拥有 12 个天然湖泊和水库，平均每 10 km^2 就有 1 个天然湖泊或水库；建有文化公园、观光公园等 40 多个生态广场公园，平均每 3 km^2 就有 1 个生态广场公园，都是集观光、休闲于一体，融自然景观、人文景观于一炉的综合生态休闲旅游景区。

位于塘厦镇西南部的大屏嶂森林公园，是东莞市六大森林公园之一，总面积为 26.7 万 m^2，主峰大屏嶂高 348 m，森林资源丰富，古树古木等植物品种多样，原始次生林保存比较完整，森林覆盖率达 96%以上。整个公园依山傍水，层峦叠嶂、山水交融，是人们登山健身、观光旅游的好去处。

近年来，塘厦镇通过大力实施“蓝天、碧水、绿地、宜居、绿色 GDP”五项工程，实现人均公共绿地达 15.2 m^2，绿化覆盖率达 40.4%，营造“城在林中、人在绿中”的优美环境，先后被授予国家园林城镇、国家卫生镇、全国环境优美乡镇、中国千强镇（第五名）、中国绿色名镇、国际生态安全示范镇等称号，成为宜商宜工宜居的港深后花园。

未来几年，塘厦镇还将利用镇内现有的山坡、湿地、果园和菜地等丰富自然资源，借助社会资金，规划建设华南国际生态旅游城。将配备综合旅游区、生态养生区、度假会议区三大特色园区，集生态农业、生态休闲、生态旅游、养生度假、绿色环保、科普教育等功能于一体，打造成具有高水平的经济效益、生态效益和社会效益的湿地休闲公园，并且将整合观澜湖高尔夫球会和大屏嶂森林公园区域的旅游资源，加快发展休闲生态、高尔夫和特色文化等旅游产业，着力打造国际绿色生态旅游名镇。

②清溪镇——全国十佳生态旅游示范景区。

清溪镇位于广东省东莞市的东南部，毗邻港澳，与深圳市、惠州市接壤。镇辖区内拥有 1.3 万亩[①]农保地、2 万多亩果园地、12 万亩林地、8 000 亩水库资源、3 000 多亩水源涵养林，全镇绿化覆盖率达 67.03%。清溪镇依托自然生态资源和客家文化资源，按照“客家古镇、IT 新城、山水清溪”的定位，积极发展文化旅游产业，大力推进生态旅游建设。

2010 年，清溪镇为积极探索生态旅游发展策略，大力开发生态旅游文化，制定《东莞市清溪镇旅游发展规划》，设置“清溪一日游”、客家特产、客家美食等一系列品牌。科学开发保存完好的大量原始生态森林资源，投入 2.1 亿元建设清溪森林公园，设置爆石山游览区、黄茅田休闲游览区、清溪湖环湖休闲游览区、铁场龙潭水库生态景观游览区等特色景区，为群众提供旅游度假、登山健身、远足观光、休闲游憩的好去处；同时充分利用丰富的农业资源，投入 1.27 亿元建设清溪生态农业园，以特色花卉苗木生产为主导，集优质果、菜、鱼生产示范、农业科技培训、科普教育、农业休闲观光旅游等于一体，为群众提供休闲娱乐、亲近自然、农事体验的场所。

2013 年，清溪镇依托“美丽清溪”建设，结合东莞市委、市政府大力推进森林公园建设的部署，积极推进生态旅游产业发展的计划，将位于清溪南片区的山水天地森林公园及北片区的清溪亚热带次原始森林自然风景区打造成为国家 4A 级生态旅游景区。

2015 年 7 月，在北京召开的 2015 首届生态文明建设高峰论坛暨城市与景区生态文明成果发布会上，清溪镇委获得了“全国十佳生态旅游示范景区”的牌匾，这标志着清溪镇在生态文明建设方面又取得了一枚高含金量的“金牌”，清溪镇的生态旅游事业又迈上一个新台阶。

2017 年，清溪镇获首批广东省省级“全域旅游示范区”创建单位，为推动全

---

① 1 亩≈667 m^2。

域旅游发展，清溪计划斥资数亿元实施30多项“最美清溪”工程。

清溪镇以丰富的资源为内涵，规划出“生态围城”的整体景观——东北部以森林公园、生态农业园、碗窑遗址、铁场客家围等为代表；规划出自然风光及遗址遗迹景区——中部是以南山曾公祠、麒麟制作、客家酿酒、张松鹤等为代表的人文景观，南部则是以青湖、金龙工业园等为代表的工业旅游线路，西部是以银利高尔夫球场、石马河“一河两岸”等为代表的城市景观线路。通过城市绿道，将主要景点、湖泊水库、自然风光连成一线、串成一片，大力打造“十里画廊”景观。

③樟木头镇以观音绿为依托打造金河生态旅游。

樟木头镇位于东莞市东南部，是国家级生态乡镇。镇下辖的金河社区将全镇的发展战略定位为镇副商业中心和文化生态旅游片区。金河社区的果农在市场引导和政府扶持下，种植观音绿热情高涨，平均每年嫁接1 500棵荔枝树，销售价格也由以往的20元/斤[①]涨至100元/斤，观音绿成为继“增城挂绿”“四川带绿”之后的又一名优荔枝品牌，果农实现了增产增收。2020年，樟木头镇将按照发展都市农业，转变农业发展模式的战略部署，将观音绿赋予文化内涵，利用社区良好的生态资源培植好生态公园，打造生态观光旅游。初步计划用3年时间，投资约2亿元，将金河社区荔枝园片区及官仓社区三家巷周边地区打造成集生产、生态、休闲、旅游及科普于一体的现代农业园区。

4.2.4 惠州市

4.2.4.1 惠州市生态文明发展历程

良好的生态环境是惠州发展的底色和本色，也是核心竞争力。惠州始终把生态建设放在与经济发展同等重要的位置来抓，保持“绿水青山就是金山银山”的生态自觉和战略定力，以“绿色化”为统领来建设“现代化”，把“绿色化”贯

① 1斤=500 g。

穿于经济社会发展全过程和各方面，凝练具有惠州特色的生态文明建设之“魂”。

2004 年，惠州市首次提出建设“绿色明珠、宜居典范”城市；2006 年，惠州市将“生态旺市”战略作为“六大战略”之一，生态文明建设上升为惠州发展的行动纲领、发展道路；2011 年，惠州市明确将绿色发展作为惠州“五个发展”的战略任务之一；2012 年年初，惠州市委、市政府提出了创建国家生态市的工作目标，全面启动了国家生态市创建的各项工作，在此期间惠州市发布了《惠州生态市建设规划》，该规划站在建设生态文明的高度，为创建工作提供明确的指引；2013 年，惠州市提出走“五位一体”绿色跨越发展道路，将绿色发展作为推动尽快以更高质量更好水平进入珠江三角洲第二梯队；2014 年，惠州市被列入第二批全国水生态文明城市建设试点市，惠州市以河涌、湖泊的水环境整治为抓手，大手笔投入水生态文明建设，建成“河清、海晏、湖美、惠民城”的水生态文明城市，打造特色鲜明的“惠民之州”；2016 年，惠州市提出建设“绿色化现代山水城市”战略目标，发布《惠州市生态文明建设规划（2016—2025）》，明确全市生态文明建设目标、路径、措施、要求，在新的历史起点上对城市发展进行了新定位；2017 年年底举行的中国生态文明论坛惠州年会上，惠州市获得“2017 年美丽山水城市”；2017 年 9 月，惠州市荣获“第一批国家生态文明建设示范市县”称号；2018 年 8 月，惠州市顺利通过了水利部组织的全国水生态文明城市建设试点验收技术评估并获得优秀成绩。

惠州市在发展经济的同时对环境保护工作狠抓不放松，取得了显著成效。2019 年，惠州空气质量优良天数比例为 95.3%，为珠江三角洲最优，排名全国 168 个重点城市第 12 位；$PM_{2.5}$ 年均值为 25 μg/m^3，达到世界卫生组织第二阶段标准，“惠州蓝”享誉全国。同时，惠州市推动建成城镇生活污水处理设施 16 座、一体化污水处理设施 34 座，提标升级城镇生活污水处理厂 33 座，新建截污管网 1 034 km，整治入河排污口 2 246 个，37 条河涌消除劣Ⅴ类，27 个黑臭水体全部达到“初见成效”标准，全面完成 47 处市、县级水源保护区环境问题整治。城市重要水源地森林覆盖率从 2013 年的 68%提升到 89.4%，水岸林木绿化率从

2013 年的 85%提升到 94%。

惠州市政府优化考核体系。市政府把绿色发展融入干部绩效考核，将污染物总量减排、森林覆盖率、生态示范创建等生态指标纳入评价体系，生态文明相关指标在党政责任考核中占比超过 20%。此外，在全国率先出台《惠州市自然资源资产清单管理及生态资产（GEP）核算制度》和《惠州市自然资源资产绩效评价办法》，推进生态资产（GEP）核算、自然资源资产清单管理和绩效评价制度的落地实施，全面摸清全市生态环境底数，建立全市的“绿色账本”，实行“双体系”“双考核”，进一步优化党政生态环保考核责任体系。同时，惠州市严格项目环保准入，坚决执行“三个限批”（重点流域、重点行业和重点区域）和“三个一律不批”（不符合环保规划和产业政策的项目一律不批、未取得排污总量指标的项目一律不批、环境风险难以防范的项目一律不批）。

惠州市在经济持续较快发展的同时，坚持“生态优势就是最大优势”，保持了良好的生态，保持了较高水平的惠民。在广东省环保责任考核中，惠州连续 8 年获评优秀等次。如今，良好生态环境已成为惠州最大特色和亮丽名片，绿色生态优势提升了惠州招商选资引智和可持续发展的核心竞争力。

4.2.4.2 惠州市生态经济体系建设的实现路径

（1）推进绿色制造体系建设

积极发动并组织符合条件的企业申报国家第一批至第五批绿色园区、绿色工厂、绿色设计产品、绿色供应链管理等绿色制造示范。截至 2019 年年底，惠州市全市累计有国际绿色工厂 17 家、绿色园区 1 个、绿色供应链管理示范企业 2 家、绿色制造系统集成项目 2 个。2020 年，惠州市向广东省推荐了 14 家企业申报国家绿色工厂、9 家企业的 87 种产品申报国家绿色设计产品、2 家企业申报国家绿色供应链管理企业，推荐申报的国家绿色制造品牌数量居历年之最。

（2）促进产业结构转型，大力发展绿色产业

目前，以中草药为基础的医药健康产业是惠州市的新兴支柱产业，以中成药、

中药材、化学制剂、医疗企业等为其主要产品。开展技术创新，与高校合作建立研究基地；积极开展健康产业的规划布局，发展中医药大健康；大力推进健康园区建设，发展国际医药旅游服务，积极创建国家中医药旅游示范区、养老示范基地等。

（3）大力发展清洁生产与节能减排

“十三五”时期以来，惠州市以清洁生产为抓手，促进产业转型升级、绿色发展。

2015 年 10 月，惠州市人民政府印发了《惠州市低碳生态规划（2014—2030 年）》，该规划是市委、市政府推进低碳生态发展的行动指南，是惠州市全方位开展低碳生态探索实践的重要依据。

2016 年 9 月，惠州市经信局、市环保局联合制定了《惠州市“十三五”绿色清洁生产工作推行方案》，全面推动惠州市清洁生产工作。

2017 年 4 月，惠州市发改局印发《惠州市节能减排“十三五”规划》，旨在实现全市能耗持续下降，环境质量持续改善，主要节能和污染物减排指标全面完成。

2019 年 3 月，惠州市发改局、经信局印发的《关于惠州市节能工作三年行动计划（2018—2020 年）》，将加强煤炭清洁高效利用，推广使用优质煤、洁净型煤，推进煤改气、煤改电；鼓励利用可再生能源、天然气、风电、太阳能等优质能源替代燃煤使用。安全发展核电，有序发展抽水蓄能发电和天然气发电，协调推进风电开发，推动太阳能多元化利用，增加清洁低碳电力供应。到 2020 年，全市煤炭消费总量力争控制在广东省下达的目标范围内。

（4）全力推动工业园区开展循环化改造

着力推动工业园区循环化改造和资源化利用，通过园区的提质增效，增强园区竞争力，为惠州构建“2+1”万亿产业集群打造良好的平台生态。目前，大亚湾石化产业园区为国家发展改革委、财政部批准的国家循环化改造重点支持园区。大亚湾石化产业园区、仲恺高新技术产业开发区、惠南高新科技产业园等 7 个园区已获批省级循环化改造试点园区。特别是大亚湾绿色石化园区的升级改造，是惠州市的重点示范园区。

惠州市石化能源新材料产业主要涵盖石化、能源、新材料产业三大块。其中，石化产业占大头，能源产业有基础，新材料产业处于起步阶段。大亚湾石化区走出引进大项目、培育大产业、推动大发展的转型升级新路，以打造世界级绿色石化产业基地为目标，遵循“油化”结合、上中下游一体化、公用工程一体化的发展道路。

大亚湾石化区产业链加快建齐补强，基本形成了碳二、碳三、碳四、碳五、碳九等优势产业链。目前，上游与中下游工业增加值比重接近一半对一半，化工产品就地转化率为71%，园区循环经济产业链关联度为85%。

大亚湾石化区坚持绿色、安全、可持续发展，对标世界一流石化园区，高起点、高标准建设基础设施，形成了较为完善的道路、供水、供电、通信、仓储物流、管廊蒸汽、光缆通信、环保、应急和消防等公共工程配套体系，并引进知名企业提供服务。

2012 年，大亚湾石化区开始实行封闭式管理。2014 年，建成全国首个国家级危险化学品应急救援基地。目前，园区已建成 2.33 km^2 环石化区绿化隔离带。建成广东省首座空气特征因子自动监测系统，全天候监测 40 多种石化特征污染物，委托第三方开展 VOCs 排查整治。石化区环境质量保持良好，率先开展石化区企业地下水监测，近岸海水水质居全省前列。2017 年获评国家第一批“绿色园区”（全省唯一）。

惠州市正抢抓机遇“窗口期”，按照国家“十四五”规划，坚持走绿色安全发展之路，聚焦规模效应综合优势，全力推进大石化新能源产业，推动大亚湾石化区以发展壮大大乙烯大化工为核心，不断延长产业链，高质量建设世界级绿色石化产业基地。

（5）全力推动创建省工业固体废物综合利用示范项目

惠州市光远环保科技有限公司的“光华水泥厂水泥窑生产线技改循环经济项

目”列入第三批省工业固体废物综合利用示范创建项目，该项目为惠州市首个列入省固体废物综合利用示范创建的项目。

4.2.5 典型案例经验总结

通过座谈交流及参观调研，课题组梳理广东省广州市、深圳市、东莞市和惠州市生态经济建设的主要经验和做法。广东省生态经济建设取得了初步成效，对全国构建城市生态经济体系具有重要的借鉴意义和启示作用。

（1）制定政策，制度保障

从广东省的经验来看，制定出台全面系统的政策文件、法律法规标准规范，对推动地方生态环境持续改善至关重要。生态经济建设涉及环保、经济、产业等各方面，所以需要建立协调统一的联动统筹制度体系，并结合生态文明建设的阶段性特征及当地特点，在制度上进行改革与创新。只有全面统筹，总体考虑，才能让整个社会在生态文明建设、生态经济建设中协调发展。只有不断创新和完善制度政策，才能从根本上保障生态经济建设的长久性和高效性。

（2）技术创新，产业转型

近年来，随着广东省的环保政策日趋严格，省内企业普遍面临着转型升级的压力。从本次调研结果来看，由于研发投入不断加大，全省高技术制造业研发创新能力不断增强，国家从体系和制度上支持企业实现自主创新，出台了一系列的政策支持，鼓励地方根据当地实际情况进行制定对应的有效政策支持，鼓励、促进和支持企业转型升级和创新发展，企业享受所得税和增值税优惠、人才鼓励和财政支持、技术改造升级自主等政策。

（3）管理重视，资金保障

广东省尤其是东莞市，从产业转型到环保治理等，政府管理层面高度重视，不断寻求新技术和新思路，同时加大资金投入，使得广东省从生态经济到环境保护等多个方面，走在全国的前列。

（4）全面推进，全民参与

广州市等地将生态经济建设广泛融入社会的各个方面，从企业到家庭、从工业到金融、从日常出行到垃圾分类等加强宣传教育，不仅提高了企业转型升级的内在动力，也增强了全民的环保意识，为促进建设生态经济打造了良好的社会基础。

5 城市生态经济体系的实践路径及保障政策建议

5.1 构建城市生态经济体系的实践路径

构建城市生态经济体系，需要在实践中不断探索，逐步建立支撑生态经济体系技术创新体系、现代生态产业体系和投资体系，保障城市生态经济体系稳定运行。一是建立以生态创新为依托的技术支撑体系，如新能源利用技术，环境治理与生态保护修复技术，大数据、人工智能等互联网技术，以提高整个社会的运行效率和生态效率；二是建立以高质量发展为导向的现代生态产业体系，产业生态化是构建生态经济体系的核心内容，不仅是根据生态学原理改造传统产业，更重要的是建立现代生态产业体系，促进我国经济的高质量发展；三是建立以生态资本增值和价值实现为目标的投资体系，包括政府公共性投资、按照“谁污染谁治理，谁损害谁修复”的原则的补偿性投资、按照“谁投资，谁开发，谁受益”的原则的开发性投资等。

5.1.1 建立以生态创新为依托的技术支撑体系

技术创新是构建城市生态经济体系的重要支撑，没有技术的创新和突破，“生态中性”的经济增长就无从谈起。广义的生态创新“包括开发新思想、引入有效流程或应用新技术，旨在减少环境负担和促进生态的可持续性”，把知识、制度等软技术创新也纳入其中。本书认为构建生态经济体系应着重在以下几个方面建立技术创新体系：第一，零碳可再生能源利用及推广应用技术。一是太阳能、风能、氢能等可再生能源技术，继续提高利用效率，降低利用成本，使可再生能源成为比化石能源更具价格优势的替代能源；二是核能等零碳能源技术，改进压水堆技术，加快发展快中子增殖反应堆技术，加快推进核聚变堆的技术突破，为人类能源问题提供终极解决方案；三是智能电网、超高压远距离输电和储能技术，扩大零碳可再生能源的应用范围；四是零碳可再生能源的推广应用技术，如电动汽车、可再生能源建筑等。第二，工业生态设计、工艺改进和智能制造技术及生态农业技术，提高工业制造和农业生产过程的生态效率，减少物质—能量消耗。第三，工业、农业、生活废弃物的降解、回收与循环利用以及有毒有害废物的安全处置技术，最大限度地减少对环境空间的占用。第四，环境治理与生态保护修复技术，加快对已污染的水体、土地、草原等进行环境治理和生态修复，恢复生态功能，并加强重点生态功能区和生态环境敏感脆弱区的生态保护。第五，信息技术、互联网技术、物联网技术等，促进互联互通，推动生态产业链、智能交通、智能建筑、共享经济和生态服务业发展，提高整个社会的运行效率和生态效率。

5.1.2 建立以高质量发展为导向的现代生态产业体系

以大数据、人工智能、物联网、机器人、量子信息技术、生物技术和可再生能源技术为引领的第四次工业革命业已到来，一些新业态、新模式、新动力、新关联的产业组织形态逐步出现，构建生态经济体系，就是要抓住难得的历史机遇，加快建立现代生态产业体系。第一，瞄准新技术发展方向，大力发展新兴产业（如新能源、新材料、智能装备、5G 信息通信技术产业、大数据产业、新型医疗健康、航空航天、智慧交通、海洋生物等）。第二，利用人工智能技术、大数据技术和

3D 打印技术等，推动制造业向智能化、生态化发展；利用新兴生物技术和智能技术，推动农业向生态化、精准化发展；利用互联网信息技术、虚拟现实技术和大数据技术，发展现代物流业、娱乐业、金融业等现代服务业。第三，利用物联网技术、大数据技术等，推动第一、二、三产业融合、实体产业与非实体产业融合、生产与消费融合，打造各种类型的产业集群和跨行业、跨领域、跨区域，甚至跨国界的生态产业链。第四，改造传统产业，淘汰落后产能，优化产业结构。对有市场需求、有发展前景的传统重化工产业要利用新技术、新工艺进行生态化改造，提升产业层次，降低能耗和污染物排放；对于技术落后、产品低端、市场需求萎缩且高耗能、高污染的落后产业要坚决淘汰。通过“加、减、除、乘”的模式优化产业结构，建立完善的现代生态产业体系。

5.1.3 建立以生态价值实现为目标的投资体系

生态资本是构建城市生态经济体系的物质基础。人类的经济活动不断改变着生态资本的存量，对矿物资源的利用使其存量不断减少；对生物资源的利用只要在“可持续收获曲线”以下，其存量不会减少；同样，对环境空间的利用只要在环境自净能力范围内，存量也不会减少。相反，人类对生态资源的投资会增加生态资本存量（如植树造林、荒漠化治理等）。自改革开放以来，经济快速发展，由于经济增长方式粗放，经济活动的规模和范围不断扩大，使生态资本存量总体处于快速下降的趋势（只是在造林、荒漠化治理等方面出现扭转的趋势）。要构建生态经济体系，就需要加大生态资本投入，遏制生态资本下降的趋势，逐步增加生态资本存量，并建立“生态资本投入—生态产品开发—生态价值实现”的良性循环机制。以生态资本增值为目标的投资体系应包括 3 个层次：第一，政府公共性投资，对于历史上已经形成的生态系统破损退化严重的区域、关系到国家生态安全格局的区域及利益主体和责任边界难以界定的领域（如生物多样性保护）等，由中央政府和相关地方政府安排预算持续投入；第二，补偿性投资，按照“谁污染谁治理，谁损害谁修复”的原则，使经济活动主体成为生态系统修复的投资主体，确保恢复生态系统功能，尽可能减少新的经济活动对生态资本的消耗；第三，开发性投资，按照“谁投资，谁开发，谁受益”的原则，鼓励国有资本、民间资本和国外（境外）资本对我国生态保护修复进行投资，并开发生态产品，获取收益。

5.2 城市生态经济体系的保障政策建议

构建城市生态经济体系是一个长期的过程，需要建立一套以科学评估体系为基础，以产业政策为导向，以税收和金融政策为支撑，以绩效考核和监督保障制度为约束的制度机制体系，来规范、激励和约束各级政府、市场主体和消费者行为，使各方力量形成合力，促进城市生态经济发展。

5.2.1 建立城市生态经济绩效评价和标准体系

构建科学、精准的城市生态经济评价和标准体系，有助于地方政府有的放矢地制定并实施城市生态经济发展战略，为社会公众投入生态文明建设提供切实依据。

首先，如何建立生态经济的绩效评价体系，可以借鉴生态经济效率，要在生态经济效率指标的基础上进行修订完善，并弥补生态经济效率指标对宏观层面的评价略显不足的缺陷。

其次，评价指标要结合环境、资源、经济、社会等多方面因素进行考虑，依据科学性与真实性为本、动态性与静态性结合、可操作性与可比性并重、普适指标与特色指标相结合的原则，重点从生态环境、生态经济、生态社会等方面遴选具有代表性的城市生态经济发展关键指标，构建城市生态经济绩效评价体系和标准体系。与此同时，在评价指标的设计上需要从整体出发，对于整体的发展目标进行分析并分解成若干子目标，体现城市生态经济的整体性和层次性。

再次，要广泛推广应用生态经济绩效评价体系。一是要纳入各级政府绩效考核指标体系，作为各级政府年度考核和政府工作报告的内容；二是作为各类园区、各行业的综合评价指标；三是作为各类企业，尤其是大型国有企业、上市公司的绩效考核指标。

最后，要把生态经济绩效评价结果在媒体上公布，作为各级政府、行业、企业公众形象的标志，接受公众监督。

除此之外，应以绩效评价体系为基础，制定科学的城市生态经济发展标准体系，为中央、地方政府的科学决策提供基础。建立定期评估机制，由省市级有关部门委托第三方评估机构和各界专家组成联合评估组，定期对城市生态经济发展情况进行跟踪分析和监督检查。

5.2.2 建立健全城市产业生态化转型机制

（1）研究制定引导性产业政策

尽管产业政策饱受争议，但对于新兴领域、公共领域，产业政策还是具有一定的引导作用。城市生态经济体系以及产业生态化和生态产业化是新概念，并不为公众所熟知，因而有关部门应组织研究制定构建生态经济体系的规划、政策导引或指导意见。第一，要厘清城市生态经济体系的概念内涵，它与现代经济体系、绿色发展是什么关系，它们之间的区别和联系，以及城市生态经济体系在生态文明建设中的地位等。第二，研究构建城市生态经济体系的指导思想、原则、发展方向、主要目标、重点领域、驱动因素和空间布局等，给市场主体发出明确的导向性信号，使公众理解城市生态经济体系有实实在在的内容。第三，要研究制定支持构建城市生态经济体系的优惠政策，调动市场主体的积极性。产业政策应仅限于引导性作用，不应成为指令性计划，或者变成申报项目审批项目的政策，不能干预市场的公平竞争，妨碍市场配置资源的决定性作用。

（2）建立经济转型的管理和推进机制

改变传统经济发展模式需要政府部门的监管和激励，构建经济转型管理机制。

首先应该构建符合区域具体情况、富有区域特色的现代产业组织体制，包括对新兴产业和接续产业的筛选机制、对资源消耗及废弃物、副产品排放的统计管理机制、对企业所生产的产品开展节能环保标志认证、对生态园区进行合理规划改造、鼓励相关的大中小型企业在园区实现产业集聚等方面。其次，应该根据不同层次和规模的经济体对资源、技术、资金、人才等各类经济要素的需要，对要素配置机制进行改革，从而确保要素能够集中向转型的重大项目倾斜。同时要加强市场对资源的配置功能，在政府、市场两个配置机制的双重作用下加快转型的步伐。此外，政府部门还应对经济转型的推进机制加以创新优化，从而对转型起到更大的激励作用。在推动资源开采和加工为主的企业进行减物质化生产方面，虽然进行减物质化生产的目的同企业发展的目的相一致，同样是为了减少资源消耗、增加经济产出，但由于资源产品价格偏低以及市场上供求不平衡的现象，使得资源型企业并不愿意实行减物质化生产，此时政府对资源型产品总量及价格的调控就显得非常必要。另外为提高企业的生态经济效率和资源的使用效率，还应该建立促进研发节能环保技术和延伸生产责任的制度，加快企业淘汰落后产能，鼓励生态技术的开发使用以及污染物的回收。在建设共生网络方面，无论是生态产业园还是区域副产品共生网络的建设都是以提高生态经济效率、改善环境为目标，政府部门应该通过制定鼓励废弃物及副产品循环利用的优惠政策，如税收优惠等。通过政策优惠对企业、产业以及全社会的资源使用减量、资源综合循环利用以及再资源化等行为进行激励，引导和规范网络中的企业建立稳定、安全且有效的共生关系。在发展新兴产业和选择接续产业方面，政府部门在进行要素倾斜的同时，还可以通过税收减免、价格补贴等行政手段，推动新兴产业及接续产业的发展，提高新兴产业的核心竞争力、扩大其市场占有率。

（3）探索建立“三线两单”环境管控体系

“三线两单”是指生态保护红线、环境质量底线、资源利用上线和环境准入负面清单、环境准入绿色正面清单。在过去“三线一单”的基础上增加环境准入绿色正面清单，根据不同类型功能区发展方向、开发管制原则和生态环境影响评估结果，将“不适宜产业”筛选纳入负面清单，不断向外疏解或淘汰高能耗、高污染、高危险、低效益的“三高一低”产业。同时，建立起能够充分带动城市地区经济社会发展和符合地区环境保护要求的优质产业、高端产业、环保产业等绿色正面清单产业。在城市生态产业引入和退出方面，应加快建立“三线两单”的环境管控体系，重点积极创建对绿色正面清单产业市场化、多元化、激励型的绿色财政机制。一方面，充分发挥环境保护税等税种的杠杆调配作用，在负面清单产业和绿色正面清单产业之间建立起增减挂钩的税收调节机制，逐步提高负面清单产业的税收额度，加大对绿色正面清单产业的税收减免力度；另一方面，完善财政对绿色正面清单产业及企业的生态补偿体系，提高对绿色正面清单产业主体的技术研发、产品深加工、产品市场销售、企业集聚集群发展等方面的补助额度。

（4）探索创建“生态经济示范区”

国家出台相关政策，鼓励城市或者园区创建“生态经济示范区”，发布“生态经济示范区”的考核指标及考核标准，将“生态经济示范区”创建纳入各级政府或者园区的绩效考核指标，并将考核结果在媒体上公布，接受公众监督。对获得“生态经济示范区”的城市或区域，提供降低税收等优惠政策。

5.2.3 加快推进财税制度生态化改革

（1）推进税收制度生态化改革

可借鉴欧盟等发达国家和地区的经验，加快推进税收制度生态化改革，以税制的生态化促进经济的生态化。第一，降低流转税和所得税在税收结构中的比重，增加资源环境税收的比重，增设新的独立的环境税税种，改革现行征收排污费的做法，改费为税，以主要污染物为征税对象，设置主要污染物税种，并开征碳税，建立完善的生态化税收体系。第二，对现行税制进行生态化改良：①深化资源税改革，扩大征税范围，提高部分资源的税率，完善税收计征方式，抑制资源的过度开采和使用；②改革现行增值税、消费税等流转税，实行生态化差别税率，对高能耗、高污染的产品和服务课以重税，对低能耗、轻污染的产品和服务实行优惠税率，推动企业产品和服务结构的优化升级；③深化改革环境保护税的税率标准，现阶段，我国大部分地区环境保护税的征收基本是按照“一刀切”的方式，实施气体污染物和液体污染物的总体排放量征税，未加以根据功能区域、污染物差异等进行细化分类。因此，可通过深化改革环境保护税作为着力点，撬动优化现代生态产业的合理布局和良性发展。总体来看，应以城市全域空间或城市群作为统筹协同范围，深化改革环境保护税的区域梯度化、污染物差异化、纳税主体精准化、税收利用高效化的税率标准，逐渐把完善成熟的环境税收体系作为实现城市现代生态产业体系可持续发展的重要抓手。具体而言，需根据地区环境容量细化不同污染物排放标准，同时依据不同区域、功能区来确定污染物排放量，尤其是针对不同功能区制定差异化的环境税率。第三，制定生态友好型税收优惠政策，对零碳可再生能源的开发利用、产业生态化改造、生态产品开发、环境治理和生态保护修复等方面的技术研发、推广以及投资行为实行减税、免税，甚至负税（补贴），鼓励技术和资金向生态系统保护修复领域集聚。

（2）加强绿色金融制度创新

金融是构建生态经济体系的重要支撑，要通过绿色金融制度创新，引导和激励国有资本、民间资本和国外（境外）资本投入产业生态化、生态产业化和生态保护修复，增值生态资本。一是加大政府对绿色产品、生态产品及生态服务的采购倾斜力度，鼓励国字号企业和国有金融机构创新开发绿色产品及绿色金融产品，为坚持绿色发展理念的相关企业（特别是中小型企业）提供资金助力。二是全面推行绿色信贷，实行绿色信用评价制度，对绿色信用评级较高的企业给予优惠利率或者政府贴息，对绿色信用较低的企业实行高利率，使银行资金向生态经济领域倾斜。三是支持绿色投资证券化发展，在股票市场设立生态产业板块，对生态友好型的企业开辟绿色通道，在债券市场设立绿色债券，对绿色信用评级较高的项目，实行优先和低利率（贴息）发债。四是实行绿色保险和再保险制度，对生态农业等市场风险较高的生态友好产业在参保、理赔等各个环节实行绿色通道，优先赔付，对生态损害风险较高的企业实行强制保险和责任追究制度。五是鼓励绿色金融工具创新，使金融手段深入渗透到生态经济体系构建的各个环节。鼓励构建 PPP 模式的绿色引导基金及市级、区（县）和社会资金共建的绿色发展基金，以共同基金的方式引导社会资本流向现代生态产业，形成符合区域生态资源条件的社会化、多元化绿色金融发展模式。积极创立绿色私募股权和创业扶持基金，加大对清洁生产、节能环保、绿色创新等现代生态产业的投资力度，为构建全域现代生态产业体系、实现全域绿色发展提供充足的资金支持。探索通过发行生态彩票、生态债券等方式，创新生态经济融资手段。具体可以通过发行公债和设立生态专项基金方式为企业提供融资渠道。在发行生态公债时首先选择在经济发展好，还债能力强的城市开展试点推广，尤其是不能在财政连续出现赤字的城市开展，需要生态公债发行成熟后再向全国范围推广。六是加强绿色信息披露，对所有的上市企业、发行债券企业、参保企业等进行绿色信息披露，增强企业生态保护的责任和义务。

（3）积极培育城市绿色消费模式

加快促进绿色消费发展，有利于增强消费对生态经济发展的基础性作用，对推动实现经济高质量发展具有重要意义。一是倡导绿色生活方式。推动个人、家庭和单位在衣、食、住、行、游等各方面，加快向简约适度、绿色低碳、文明健康方式转变。推进绿色低碳社区和家庭建设，倡导绿色低碳出行；引导消费者购买节能环保低碳产品、节能环保型汽车和节能省地型住宅，减少使用一次性用品，抵制过度包装产品，不使用超薄塑料袋，强制践行“光盘行动”。二是深入推进全民节约行动。加强节俭节约宣传教育，开展形式多样的节俭节约实践活动，在全社积极引导绿色消费升级会营造厉行节约、拒绝浪费的浓厚氛围，培育践行社会主义核心价值观。广泛开展以节约为主题的群众性教育实践活动，把节俭节约意识贯穿于支部活动、社区活动和学校教育中，动员各行各业开展节俭节约教育实践活动。三是公共机构率先垂范。完善政府绿色采购制度，严格执行强制或优先采购节能环保产品制度，提高政府采购中再生产品和再制造产品的比重。

5.2.4 探索改革生态经济绩效考核制度

要实现久久为功地推进城市现代生态产业发展，应探索改革城市生态经济绩效考核制度。考虑把经济-生态生产总值（Gross Economic-ecological Product，GEEP）作为城市绿色发展的政绩考核指挥棒、新标尺和助推器。经济-生态生产总值（GEEP）是在综合绿色 GDP 和生态系统生产总值（Gross Ecosystem Product，GEP）基础上提出的，同时将人类活动经济价值、生态系统所提供的生态福祉和经济系统的生态环境代价三者进行综合考量。在政绩考核方面，转变传统"唯 GDP"政绩观，以京津冀、珠江三角洲、长江三角洲、粤港澳大湾区、成渝地区双城经济圈为重点，率先建立能够衡量生态环境状况、体现经济-生态系统功能综合价值的地区 GEEP 统计与核算体系。同时，逐步将 GEEP 理念融入发展的各领域各环节，尤其要先行进入规划、项目、决策、考核和奖惩，充分发挥 GEEP 在构建全域现代生态经济体系、探索全域绿色发展过程中的"绿色指挥棒"作用。

5.2.5 强化城市生态经济监督保障体制

整合城市生态经济监督保障资源，明确中央与省、市、县各层级的生态经济监督保障机关权限，由以生态环境部为核心的监督保障力量统一领导地方的生态经济监督保障工作，规范各级生态经济监督保障机关的目标、机构组成、具体任务与责任。生态经济监督保障机关应确立监督保障决策的独立性、专业性与权威性，在资源开采、清洁生产、绿色消费、循环经济设施建设、无害化排放等领域全面监督生态经济施行情况，严格处罚各种违反生态经济义务的行为。

6 结论与建议

6.1 我国已初步构建城市生态经济体系，但尚不健全

我国已初步构建城市生态经济体系，但是体系尚不健全，具体表现在以下 4 个方面：

（1）城市生态经济体系尚不健全

全国城市生态经济体系尚不健全。首先，在生态经济评价指标的选取、标准的建立上，缺乏统一的指南或规范。其次，缺乏对生态经济定期评估的机制。最后，从产业政策、税收和金融政策、绩效考核和监督保障等方面仍存在不足，整个生态经济体系不健全，难以使各级政府、市场主体和消费者等各方形成合力，促进城市生态经济快速发展。

（2）构建城市生态经济体系的路径不明

目前，虽然我国部分城市生态经济建设取得了一定的成绩，但只是部分城市在实践中所做的一些探索，构建城市生态经济体系的路径尚不明确，还需要在实践中不断探索，逐步建立以生态创新为依托的技术创新体系、以高质量发展为导向的现代生态产业体系和以生态价值实现为目标的投资体系。

（3）生态经济规模占比太低，绿色技术创新能力不足

传统产业转型升级和新兴产业培育壮大破立两难。绿色技术创新是生态经济体系构建的重要驱动力，与发达国家相比，我国在生态经济领域的创新投入、专利申请、科技成果转化等仍有一定差距，存在绿色技术创新能力不足的现象。

（4）政策保障不充分

影响生态经济发展的价格、财税、金融等经济政策尚未建立健全。还存在价格机制不够完善、政策体系不够系统、部分地区落实不到位等问题；缺乏激励城市发展生态经济的相关制度和考核措施。

6.2 构建城市生态经济体系的实践路径

（1）建立以生态创新为依托的技术支撑体系

第一，零碳可再生能源利用及推广应用技术。第二，工业生态设计、工艺改进和智能制造技术及生态农业技术。第三，工业、农业、生活废弃物的降解、回收与循环利用以及有毒有害废物的安全处置技术。第四，环境治理与生态保护修复技术。第五，信息技术、互联网技术、物联网技术等。

（2）建立以高质量发展为导向的现代生态产业体系

第一，瞄准新技术发展方向，大力发展新兴产业。第二，推动制造业向智能化、生态化发展；推动农业向生态化、精准化发展；发展现代物流业、娱乐业、金融业等现代服务业。第三，推动一、二、三产业融合、实体产业与非实体产业融合、生产与消费融合。第四，改造传统产业，淘汰落后产能，优化产业结构。通过“加、减、除、乘”的模式优化产业结构，建立完善的现代生态产业体系。

（3）建立以生态价值实现为目标的投资体系

第一，政府公共性投资，由中央政府和相关地方政府安排预算持续投入；第二，使经济活动主体成为生态系统修复的投资主体，确保恢复生态系统功能，尽可能减少新的经济活动对生态资本的消耗；第三，鼓励国有资本、民间资本和国

外（境外）资本对我国生态保护修复进行投资，并开发生态产品，获取收益。

6.3 构建城市生态经济体系的保障政策建议

（1）建立城市生态经济绩效评价和标准体系

借鉴生态经济效率，要在生态经济效率指标的基础上进行修订完善；重点从生态环境、生态经济、生态社会等方面遴选具有代表性的指标；广泛推广应用生态经济绩效评价体系。要把生态经济绩效评价结果在媒体上公布，接受公众监督。以绩效评价体系为基础，制定科学的城市生态经济发展标准体系，建立定期评估机制。

（2）建立健全城市产业生态化转型机制

研究制订构建生态经济体系的规划、政策导引或指导意见；构建符合区域具体情况、富有区域特色的现代产业组织体制；探索建立“三线两单”环境管控体系，积极创建对绿色正面清单产业市场化、多元化、激励型的绿色财政机制。探索创建“生态经济示范区”，对获得“生态经济示范区”的城市或区域，提供降低税收等优惠政策。

（3）加快推进财税制度生态化改革

降低流转税和所得税在税收结构中的比重，增加资源环境税收的比重，增设新的独立的环境税税种，并对现行税制进行生态化改良，制定生态友好型税收优惠政策。加强绿色金融制度创新，积极培育城市绿色消费模式。

（4）探索改革生态经济绩效考核制度

在政绩考核方面，转变传统“唯 GDP”政绩观，以京津冀、珠江三角洲、长江三角洲、粤港澳大湾区、成渝地区双城经济圈为重点，率先建立能够衡量生态环境状况、体现经济-生态系统功能综合价值的地区 GEEP 统计与核算体系。同时，逐步将 GEEP 理念融入发展的各领域各环节，尤其要先行进入规划、项目、决策、考核和奖惩。

（5）强化城市生态经济监督保障机制

整合城市生态经济监督保障资源，明确中央与省、市、县各层级的生态经济监督保障机关权限，由以生态环境部为核心的监督保障力量统一领导地方的生态经济监督保障工作，规范各级生态经济监督保障机关的目标、机构组成、具体任务与责任。

参考文献

[1] Graedel T E，Allenby B R. Industrial ecology[M]. （Second Edition）. Pearson Education Inc. Prentice Hall，2003.

[2] Tailor H. Respect for nature：A theory of environmental ethics[M]. New Jersey：Princeton University Press，1986.

[3] Daly H E. Steady -State Ecinimics [M] . Washington：Island Press，1990.

[4] Norgaard R R. Economic Indivators of Resource Scarity：A Critical Essay[M]. New York：Journal of Environment Economics and Management，1990.

[5] Howarth B R，Norgaard B R. Environmental Valuation under Sustainable Development[J]. The American Economic Review，1992，82（2）.

[6] Hardi P，Barg S. Measuring Sustainable Development：Review of Current Practice，Occasional Paper Number 17 [R]. International Institute for Sustainable Development，1997.

[7] Kates R，Clark W，Corell R，et al. Environment and development. Sustainability Science[J]. Science，2001，292：641.

[8] Clark W C. Sustainability science：A room of its own[J]. Proceedings of the National Academy of Sciences，2007，104：1737.

[9] Reid W V，Chen D，Goldfarb L，et al. Earth system science for global sustainability：Grand challenges[J]. Science，2010，330：916-917.

[10] Daly H E，Cobb J. For the Common Good，Redirecting the Economy toward Community，Environment and a Sustainable Future[M]. Beacon Press，Boston，MA，1989.

[11] Talberth J，Cobb C，Slattery N. The Genuine Progress Indicator 2006. Redefifining Progress，Oakland，CA，p. 94612，2006.

[12] Lawn P A. A theoretical foundation to support the index of sustainable economic welfare

（ISEW），genuine progress indicator（GPI） and other related indexes[J]. Ecol. Econ，2003，44，105-118.

[13] Prescott-Allen R. The Wellbeing of Nations：A Country-by-Country Index of Quality of Life and the Environment[M]. Island Press，Washington D. C，2001.

[14] Wackernagel M，Rees M. Our Ecological Footprint：Reducing Human Impact on the Earth[M]. New Society Publishers，Gabriola Island，British Columbia，1996.

[15] Esty D. Environmental Sustainability Index[M]. Yale Center for Environmental Law and Policy，2005.

[16] Esty D. Pilot 2006 Environmental Performance Index[M]. Yale Center for Environmental Law and Policy，2006.

[17] UNECE/OECD/Eurostat Working Group on Statistics for Sustainable Development，2007. Statistics for Sustainable Development：A Framework for Sustainable Development Indicators（SDI），Working Paper 2.

[18] UNDP. Human Development Report 2005. Oxford University Press，Oxford；Palgrave Macmillan，New York NY，2005.

[19] Gu Y，Wu Y，Liu J，et al. Ecological civilization and government administrative system reform in China[J]. Resources，Conservation & Recycling. 2020. Available online 23 December 2019 https：//doi. org/10. 1016/j. resconrec. 2019. 104654.

[20] Meng F，Guo H，Guo Z，et al. Urban ecological transition：The practice of ecological civilization construction in China[J]. Science of the Total Environment，2021（775）：142633.

[21] Zhang X，Wang Y，Qi Y，et al. Evaluating the trends of China's ecological civilization construction using a novel indicator system[J]. Journal of Cleaner Production，2016（133）：910-923.

[22] Zhang L，Yang J，Li D，et al. Evaluation of the ecological civilization index of China based on the double benchmark progressive method[J]. Journal of Cleaner Production，2019（222）：511-519.

[23] Wang R，Qi R，Cheng J，et al. The behavior and cognition of ecological civilization among Chinese university students[J]. Journal of Cleaner Production，2020（243）：118464.

[24] 中国科学院可持续发展研究组. 中国可持续发展战略报告[M]. 北京：科学出版社，1999：

152-164.

[25] 张瑞才，李达. 论习近平生态文明思想的理论体系[J]. 当代世界社会主义问题，2022（1）：3-11.

[26] 张月梅. 当代“两山理论”与生态经济发展关系研究[J]. 西部林业科学，2020，49（2）：165-168.

[27] 范连颖. 日本循环经济的发展与循环经济的理论思考[D]. 大连：东北财经大学，2006.

[28] 黄志斌，王晓华. 产业生态化的经济学分析与对策探讨[J]. 华东经济管理，2000（3）：7-8.

[29] 曾晓文，刘金山. 广东产业生态化的发展战略与路径[J]. 广东财经大学学报，2016（5）：104-112.

[30] 颜建军，徐雷，李扬. 资源、环境双重约束下的湖南省产业生态化发展路径[J]. 经济地理，2017（6）：183-189.

[31] 付德申. 新常态背景下中国城市群产业生态化效率研究[J]. 甘肃社会科学，2017（3）：189-194.

[32] 张亚明，陈宝珍. 京津冀生态环境支撑区产业生态化效率研究[J]. 现代城市研究，2016（12）：21-27.

[33] 张云，赵一强. 环首都经济圈生态产业化的路径选择[J]. 生态经济，2012（4）：118-121.

[34] 杨亚妮，白华英，苏智先. 中国生态建设产业化的典范[J]. 生态经济，2002（12）：16-17.

[35] 耿玉德. 我国国有林区林业产业化研究[J]. 林业经济，2005（6）：31-35.

[36] 陈洪波. 构建生态经济体系的理论认知与实践路径[J]. 中国特色社会主义研究，2019（4）：55-62.

[37] 黎元生. 生态产业化经营与生态产品价值实现[J]. 中国特色社会主义研究，2018（4）：84-90.

[38] 张文明，张孝德. 生态资源资本化：一个框架性阐述[J]. 改革，2019（1）：122-131.

[39] 李兆辰，袁富华. “现代化经济体系”研究新进展及展望[J]. 北京工业大学学报（社会科学版），2019（4）：70-76.

[40] 习近平. 之江新语[M]. 杭州：浙江人民出版社，2007.

[41] 马克思. 1844 年经济学哲学手稿[M]. 北京：人民出版社，2014.

[42] 马克思. 资本论：第一卷[M]. 北京：人民出版社，2004.

[43] 习近平谈绿色：保护生态环境就是保护生产力[EB/OL].（2016-03-03）[2018-01-09].

[44] 习近平. 习近平谈治国理政[M]. 北京：外文出版社，2014.

[45] 中央文献研究室编. 习近平关于社会主义生态文明建设论述摘编[M]. 北京：中央文献出版社，2017.

[46] 刘伟. 坚持新发展理念，推动现代化经济体系建设——学习习近平新时代中国特色社会主义思想关于新发展理念的体会[J]. 管理世界，2017（12）：1-7.

[47] 高建昆，程恩富. 建设现代化经济体系 实现高质量发展[J]. 学术研究，2018（12）：73-82.

[48] 冯柏，温彬，李洪侠. 现代化经济体系的内涵、依据及路径[J]. 改革，2018（6）：71-79.

[49] 吴俊杰. 论现代化经济体系：一个整体性视角[J]. 宏观经济管理，2018（12）：19-25.

[50] 刘志彪. 建设现代化经济体系：基本框架路径和方略[J]. 经济理论与经济管理，2018（2）：5-8.

[51] 关舒文. 我国生态经济系统存在的主要问题及解决方案[J]. 纳税，2018（2）：223.

[52] 陈予群. 论城市生态经济[J]. 上海城市管理职业技术学院学报，2007（6）.

[53] 陈洪波. “产业生态化和生态产业化”的逻辑内涵与实现途径[J]. 生态经济，2018（10）：209-213.

[54] 段鑫，任群罗，李明蕊. 人力资本视角下中国产业生态化对经济增长的影响[J]. 经济视角，2020（1）：15-27.

[55] 唐龙. 推动产业结构体系向绿色发展转型：分类、难题与对策[J]. 经济研究参考，2019（15）：99-106.

[56] 李瑾. 基于循环经济的产业生态化建设的发展研究[J]. 中小企业管理与科技（上旬刊），2019（2）：57-58.

[57] 王春益. 坚持“两山”理念 推进产业生态化和生态产业化[J]. 中国生态文明，2019（3）：76-77.

[58] 张国俊，王珏晗，庄大昌. 广州市产业生态化时空演变特征及驱动因素[J]. 地理研究，2018，37（6）：1070-1086.

[59] 张媛媛，袁奋强，刘东皇，等. 产业生态化水平的测度及其影响因素研究[J]. 长江流域资源与环境，2019，28（10）：2331-2339.

[60] 王文平，周甜甜. 我国产业生态经济系统生态——经济相互作用关系的空间特征及演化规律研究[J]. 东南大学学报（哲学社会科学版），2015（4）：73-78，147.

[61] 单晓娅. 贵州生态文明建设的探索与实践[M]. 北京：光明日报出版社，2010.

[62] 夏娜娜，徐静，张婷婷. 生态工业示范园区产业生态化浅析[J]. 科技风，2019（19）：125.

[63] 赵普. 重污染行业产业生态化的环境成本分担机制与路径研究[J]. 价格理论与实践，2019（10）：4-8.

[64] 吴清秀. 产业生态化与美丽乡村建设的互动发展思考[J]. 农业经济，2019（9）：45-46.

[65] 张丽萍. 关于贵州省发展生态经济的若干思考[J]. 生态经济评论，2014（2）：120-126.

[66] 吴诚. 生态经济林产业化模式分析[J]. 现代园艺，2014（2）：20.

[67] 叶金国，张云. 环首都地区生态产业化研究[M]. 北京：中国社会科学出版社，2017.

[68] 黎元生. 生态产业化经营与生态产品价值实现[J]. 中国特色社会主义研究，2018（4）：84-90.

[69] 徐静，余晓敏，张桔，等. 生态产业化与产业生态化协同发展——“山江湖”综合开发背景下的南昌产业发展新思路[J]. 中共南昌市委党校学报，2010，8（5）：48-52.

[70] 文传浩，李春艳. 论中国现代化生态经济体系：框架、特征、运行与学术话语[J]. 西部论坛，2020，30（3）：1-14.

[71] 陈长. 论贵州协同推进生态产业化与产业生态化[J]. 贵州省党校学报，2018，6：123-128.

[72] 周铁昆. 深圳经济特区发展历程的回顾与分析[J]. 改革与开放，2008（4）：8-10.

[73] 刘洁. 深圳市生态文明建设的思路与政策建议[C]. 中国软科学研究会. 第九届中国软科学学术年会论文集（上册），2013：156-163.

[74] 郝志强. 新时代创新生态经济体系建设有效路径探究[J]. 北方经济，2020（5）：6-9.

[75] 张冬梅，刘妍珺，赵雷雷. 生态经济综合评价指标体系研究——以贵州省为例[J]. 学术交流，2011（12）：81-84.

[76] 杨鸿雁. 基于模糊数学的市域生态经济评估指标体系设计[J]. 经济师，2014（11）：149-150.

[77] 朱云莉，冯海涵. 中部地区生态经济城市考核与评价指标体系的构建研究[J]. 开发研究，2015（2）：33-36.

[78] 邢佳玮，刘琦. 我国生态经济系统存在的主要问题及解决方案[J]. 现代园艺，2017，334（10）：214.

[79] 武继腾. 绿色生态经济发展存在的问题及处理建议初探[J]. 山西农经，2019，243（3）：106.

[80] 沈鹏. 发达国家循环经济发展经验及启示[J]. 环境保护，2016，44（23）：68-71.

[81] 赵彦云，林寅，陈昊. 发达国家建立绿色经济发展测度体系的经验及借鉴[J]. 经济纵横，2011（1）：34-37.

[82] 郭志芳. 国际循环经济发展概况以及对我国的启示[J]. 内蒙古财经学院学报，2007（3）：53-56.

[83] 赵亚平. 循环经济的新理念和实践趋势[J]. 河南化工，2006（7）：1-3.

[84] 赵莹，肖光进. 国外循环经济主要发展模式及启示分析[J]. 中国集体经济，2010（4）：196-197.

[85] 廖敏，于良杰. 国外生态工业园区的发展现状和启示[J]. 宿州教育学院学报，2015，18(6)：11-12.

[86] 左晓利，李慧明. 生态工业园理论研究与实践模式[J]. 科技进步与对策，2012，29（7）：23-27.

[87] 孙晓华，郑辉. 资源型地区经济转型模式：国际比较及借鉴[J]. 经济学家，2019（11）：104-112.

[88] 赵汉澜. 日本绿色经济发展历程与借鉴[J]. 知识经济，2019（22）：40-41.

[89] 段慧珠，王丹. 日本循环经济实践及对我国的启示[J]. 环境保护与循环经济，2009，29(3)：12-14.

[90] 刘思帆. 日本环境政策研究[J]. 经济视角，2017（1）：17-24.

[91] 蔡苑乔，吴蓄蕤. 日本环境法律体系概览[J]. 广东科技，2010，19（9）：15-17.

[92] 王会芝. 日韩绿色经济发展实践及其启示[J]. 东北亚学刊，2016（5）：31-34.

[93] 韩涛，彭语心. 日本的绿色发展模式及其启示[J]. 低碳世界，2020，10（8）：6-7.

[94] 董联党，顾颖，王晓璐. 日本循环经济战略体系及其对中国的启示[J]. 亚太经济，2008(2)：68-72.

[95] 张艳婧. 日本循环经济模式形成及运作[J]. 现代商贸工业，2016，37（30）：45-47.

[96] 刘姝含. 日本静脉产业的发展与启示[J]. 东方企业文化，2011（12）：118-119.

[97] 王崇梅. 以静脉产业为主导的日本生态工业园循环经济模式研究[J]. 科技进步与对策，2010，27（3）：12-14.

[98] 李娜，周瑞红. 日本发展生态工业园的实践及启示[J]. 经济纵横，2008（3）：91-93.

[99] 杨龙辉. 日本生态旅游发展现状对我国的启示[J]. 中南林业科技大学学报（社会科学版），2016，10（4）：85-88.

[100] 苏雁. 浅谈日本生态旅游的发展现状[J]. 现代经济信息，2014（24）：390-391.

[101] 罗来峰. 日本政府发展生态农业的措施及对中国的启示[J]. 中国市场，2018（31）：20-22.

[102] 时洪生. 日本发展农业循环经济的措施探析[J]. 南方农机，2019，50（9）：37-38.

[103] 赵齐，潘丽群，赵欣. 日本农业可持续发展模式研究[J]. 合作经济与科技，2016（18）：5-7.

[104] 俞慰刚. 城市生态环境保护的法规体系建设与全民通力配合——以现代日本的理论与实践为例[J]. 上海城市管理，2017，26（4）：19-24.

[105] 王福全，庞昌伟. 日本发展循环经济低碳社会的基本经验及其启示[J]. 当代世界，2017（5）：60-63.

[106] 严兵. 日本发展绿色经济经验及其对我国的启示[J]. 企业经济，2010（6）：57-59.

[107] 肖鹏程. 日本北九州生态城发展循环经济的经验及启示[J]. 西南科技大学学报（哲学社会科学版），2010，27（1）：29-34.

[108] 朱光明，杨继龙. 日本北九州："灰色城市"到"绿色城市"的治理之路[J]. 社会治理，2015（2）：135-145.

[109] 常玉苗. 水资源环境与城市生态经济系统耦合模型及评价[J]. 水电能源科学，2018，36（2）：55-58.

[110] 庄贵阳. 生态文明建设目标行动导向下的现代化经济体系研究[J]. 生态经济，2020，36（5）：208-214.

[111] 詹玉华，金小方. 当代中国生态经济理论的思想来源与构建[J]. 华东经济管理，2017，31（7）：62-67.

[112] 温铁军. 乡村振兴的关键：生态产业化和产业生态化[C]//在路上：乡村复兴论坛文集（四）·永泰 大埔卷. 北京：中国建材工业出版社，2019（304）：26-32.

[113] 赫尔曼·E. 戴利. 超越增长——可持续发展的经济学[M]. 上海：上海译文出版社，2001：3-50.